男子の性教育

柔らかな関係づくりのために

村瀬　幸浩

大修館書店

まえがき

性についてその人がどのような意識や価値観をもち、どのような性行動をとるのか、どんな相手とどのような性関係をつくって生きていくのかは、その人の育ち方（育てられ方）、体験や学習によってつくられていくものである。また、その人が男だから女だからといっても、決まりきったものではなく、一人ひとりの育ちや体験が異なるように千差万別、まさに男もいろいろ、女もいろいろ、それぞれ個別的、個性的である。

これまで、性に関する意識や行動について論ずるとき、しばしば人間を男と女に二分して、男はこう、女はこう、というように「本能」という枠組みにはめ込んで評論したり判断したりすることがあったが、今日のセクソロジー（性科学・性学）ではその考え方はもう通用しなくなっている。性別におけるグラデーション（段階的な徐々なる変化）と、性意識・性行動におけるダイバーシティ（多様性）こそが、普遍的なものとして認識されるようになってきたのである。

このことは、性同一性障害（※）の人びとに対する性別適合手術や性別変更、さらに「第三の性」（男、女の他に）を承認する国も出てくるなど、大きな変化としてすでにあらわれている。また、性的指向（性愛の対象が何に向かうか）の多様性の承認についても、同性婚と異性婚の差別解消に踏み出す国が次々とあらわれるなど、旧来の「常識」が覆されるようになった。

しかし、それがまだ大勢であるとは言い難い。特にわが国は、両性およびジェンダーに関する格差解消について大きく立ち遅れていて、人間と人間の「柔らかな関係」（両者の対等性のもと、互いの性を尊重し、受け入れあえる関係）づくりに行き詰まりをきたしている。例えば、結婚における別姓選択に関して、国連から繰り返し改善に向けての勧告が出されているにもかかわらずいまだに認めていないが、これなど男性中心の家族観にこだわる考え方や力の根強さを示している。この課題は、単に同姓か別姓かの問題ではなく、結婚する両者の人権上・人格上の対等性を問う事柄であり、DV問題（配偶者間、とりわけ夫から妻へのさまざまな暴力）にもつながっている。さらに、結婚回避やセックスレスなど、柔らかな性関係づくりをめぐっての危機的な傾向がますます強くなっている。この柔らかな関係づくりを阻むものとして、先ほど述べたような法制度の問題があるが、そればかりではない。より根源的には、そうした法制度を生み出し支えている人びとの意識、とりわけ社会的により強いパワー（権力、金力、筋力など）をもっている男性の性意識がどのようなものでありそれをどう変えていけばよいのか、あるいは果たしてそれは変えることが可能なのか、このことを問うことが、極めて重要になってきていると思う。なぜなら、両者の関係の改善のためには両者の性意識の改革が不可欠であり、性意識の改革のためにはその前提となる「学習」が不可避と考えるからである。

この学習について言えば、女子には、質・量ともに十分とは言えないまでも家庭や学校で繰り返し学ぶ機会があったし、尋ねようと思えば教えてくれる大人の女性が周りにいたことと思う。

一方、男子への性の学習は、添えもの程度であっただけでなく、巷の垂れ流しとも言うべき性情報によって、誤解と偏見を刷り込まれ育ってきたと言わざるを得ない。

このように人類の約半分を占める男子は、性のしくみや成り立ち、性のもつさまざまな意味について、しっかりと教わることなく、いわば勝手に情報を集め、その情報に翻弄されつつひとりよがりの孤独な人生を生きてきたのではないだろうか。

それでも何とかやってこられたように思われるとすれば、その背景にかつては女性の忍従があった（制度としても）からである。その後、時代が変わって女性が忍従しなくなったが、そうなると両者の関係は破綻に向かうようになった。そして、今では関係の破綻を予知し予見して、関係づくりそのものを回避するようにさえなりつつある。両者、両性ともに。

『男子の性教育』と題した本書によって、あらためて男子の性を見つめ直すことで、男子が、性に関する誤解、偏見、思い込みから解き放たれ、自信をもって生きていく支えになりたいと思う。また、当の男子だけでなく、女子もこの学びによって男子に対し、ともに生きる人間として親しみを感じてほしいと思う。そして、一段階ステップ・アップした新たな関係づくりに向かってともに歩み出してほしい。

※アメリカ精神医学会は、二〇一三年五月「性同一性障害」（Gender Identity Disorder）を「性別違和」（Gender Dysphoria）と表現を変更した。今後わが国でも変更の可能性があるが、本書では現在の表現で記述する。

❖もくじ

第1章

意外なデータ

――自分の性に対する肯定感調査から――

1——高校生の「射精観」「月経観」に関する二つの調査

人は誰も、自分の性別について否応ない形で自覚を迫られる出来事がある。女子の場合「月経」がそれに当たるだろう。では、男子にとっては何が該当するのだろうか。小さな子どもにとっては勃起がそれに当たるのか、それともやがて経験する声変わりや発毛が自分の性別について意識させられる変化なのかもしれない。しかし、何と言っても自分の性および性別を強く意識せざるを得ない出来事は「射精」であろう。月経と射精、それは外から見えるからだの形として性別の違いがあった幼少児の時代とは違って、からだの中の機能（はたらき）の違いとして、さらに言えば妊娠する、させるという、性の違いがあらわれたという意味で重大な成長、変化を印すものである。

その重大な変化（それを通して自らの性別自認が深まるという意味においても）を、当の本人はどのように受けとめているのだろうか。この点について、高校生年代の男女の受けとめ方を示す調査結果を手にした。

(1) 北海道での調査結果

一つは、猪瀬優理氏（龍谷大学）がされた「月経観、射精観」に関する調査結果である（『現代社会学研究』第二三巻所載）。私は、この調査研究をご本人から送っていただいた冊子によって知った。調査の対象は、北海道の都市部の男子（高等専門学校生）一六二名と女子（高校生）一二三名である。いくつもある調査項目のうち、ここでは「月経イメージ」「射精イメージ」の男女別調査結果に絞って紹介したい（次頁表1・表2）。

この中で私が注目したのは、「汚らわしいもの」「恥ずかしいもの」および「大切なもの」「気持ちいいもの」という項目への回答である（回答は、①非常にそう思う、②そう思う、③あまりそう思わない、④そう思わない、⑤わからない、の五項目から選択することになっていて、①と②を合わせて「同意」、③と④を合わせて「非同意」として集計されている）。

「月経は汚らわしいもの」への同意は、男女の間に大差はない。「恥ずかしい」への同意は、女子の数値が男子のよりも有意に高い。これについては、体験する当人の身になって考えてみればやむを得ない数値と思えなくもないが、教育（家庭での、また学校での）のあり方として検討すべき課題もあると思う。

ところで、問題は「射精イメージ」についてである。「汚らわしい」「恥ずかしい」への同意がいずれも男子に多いのは、女子の月経と対応させて考えれば一応は首肯できるが、その数値の高さに私は率直に言って驚いた。「汚らわしい」への同意が一四・三％、「恥ずかしい」に至っては一九・五％で、男子のほぼ五人に一人がそう思っているのである。私はこれを見て、これは人間の性、男子の人生にとって大問題なのではないかと直感した。

表１　男女別の月経イメージ

		同　意	非同意	合　計
月経は病気のようなもの	男性	2.6%	97.4%	100% (154)
	女性	7.8%	92.2%	100% (128)
月経は汚らわしいもの	男性	5.2%	94.8%	100% (153)
	女性	4.7%	95.3%	100% (129)
月経は衰弱させるもの	男性	16.2%	83.8%	100% (148)
	女性	33.1%	66.9%	100% (130)
月経は恥ずかしいもの	男性	8.0%	92.0%	100% (150)
	女性	12.4%	87.6%	100% (129)
月経は行動の障害になるもの	男性	47.1%	52.9%	100% (140)
	女性	60.3%	39.7%	100% (131)
月経は面倒なもの	男性	68.4%	31.6%	100% (133)
	女性	85.7%	14.3%	100% (133)
月経は我慢すべきもの	男性	43.4%	56.6%	100% (129)
	女性	51.6%	48.4%	100% (126)
月経は女性であることの確認	男性	42.3%	57.7%	100% (130)
	女性	52.0%	48.0%	100% (127)
月経は身体を意識させるもの	男性	50.4%	49.6%	100% (125)
	女性	45.6%	54.4%	100% (125)
月経は自然なもの	男性	92.1%	7.9%	100% (152)
	女性	93.9%	6.1%	100% (131)
月経は大切なもの	男性	87.8%	12.2%	100% (148)
	女性	74.8%	25.2%	100% (123)
月経は誇りに思えるもの	男性	23.1%	76.9%	100% (117)
	女性	11.7%	88.3%	100% (120)
月経は気持ちいいもの	男性	3.1%	96.9%	100% (97)
	女性	0%	100%	100% (130)
月経の症状の訴えは言い訳	男性	20.2%	79.8%	100% (119)
	女性	13.6%	86.4%	100% (110)

(　) 内は回答者数

(出典：猪瀬優理「中学生・高校生の月経観・射精観とその文化的背景」『現代社会学研究』第23巻、2010年)

表2　男女別の射精イメージ

		同　意	非同意	合　計
射精は病気のようなもの	男性	1.9%	98.1%	100% (157)
	女性	2.6%	97.4%	100% (117)
射精は汚らわしいもの	男性	14.3%	85.7%	100% (154)
	女性	8.6%	91.4%	100% (116)
射精は衰弱させるもの	男性	5.3%	94.7%	100% (150)
	女性	1.0%	99.0%	100% (103)
射精は恥ずかしいもの	男性	19.5%	80.5%	100% (149)
	女性	13.9%	86.1%	100% (108)
射精は行動の障害になるもの	男性	4.7%	95.3%	100% (148)
	女性	5.4%	94.6%	100% (92)
射精は面倒なもの	男性	7.4%	92.6%	100% (148)
	女性	11.7%	88.3%	100% (77)
射精は我慢すべきもの	男性	10.8%	89.2%	100% (129)
	女性	10.7%	89.3%	100% (126)
射精は男性であることの確認	男性	55.2%	44.8%	100% (145)
	女性	65.7%	34.3%	100% (105)
射精は身体を意識させるもの	男性	40.4%	59.6%	100% (141)
	女性	43.4%	56.6%	100% (83)
射精は自然なもの	男性	78.2%	21.8%	100% (156)
	女性	88.2%	11.8%	100% (110)
射精は大切なもの	男性	75.0%	25.0%	100% (152)
	女性	60.9%	39.1%	100% (92)
射精は誇りに思えるもの	男性	20.3%	79.7%	100% (138)
	女性	10.8%	89.2%	100% (74)
射精は気持ちいいもの	男性	66.7%	33.3%	100% (144)
	女性	63.5%	36.5%	100% (63)
射精なし＝イライラは言い訳	男性	20.0%	80.0%	100% (125)
	女性	46.5%	53.5%	100% (71)

(　) 内は回答者数

(出典：猪瀬優理「中学生・高校生の月経観・射精観とその文化的背景」『現代社会学研究』第23巻、2010年)

考えてみれば、これまで月経に対する印象、価値観、感じ方などについての意識調査を目にすることはしばしばあったが、射精に対する調査は寡聞にして知らなかったし、あえて知ろうとも思っていなかった。それは、私自身が射精に対して特に「汚らわしい」とも「恥ずかしい」とも思って生きてこなかったせいもある。しかし、初めてこうした調査結果に接して、驚きはしたが心の底でそれほど大きな違和感を感じていない自分を発見することにもなった。

「だって男の子は自分の性についてまともに教わっていないのだから、射精を汚いと思ったり、卑しいことだと思っても仕方ないのではないか」、そんな思いが自分の気持ちの中にもあると思ったのである。

(2) 愛知県での調査結果

それにしても、この数の多さはどうしたことなのだろうか、他に同種の調査はないのだろうか。そう思っていた矢先に、愛知性教協（性教協とは「〃人間と性〃教育研究協議会」の略称で、設立者の一人として私もかかわってきた民間の性教育研究団体である。全国各地にサークルがあり、愛知性教協もその一つ）の研究例会で、高瀬幸恵氏が報告された資料を手にすることができた。その中に、猪瀬氏がされた調査項目を生かした調査結果が紹介されていたのである（表3・表4）。私は早速、北海道での調査結果と比較検討してみた。ちなみに、愛知県での調査対象は、女子高校生二五八名と男子高校生一七九名である。

表3　月経に対するイメージ

		肯定的	否定的	わからない
月経は病気のようなもの	男性	2.3%	86.0%	11.8%
	女性	4.3%	88.8%	6.8%
月経は汚らわしいもの	男性	5.1%	83.3%	11.7%
	女性	6.6%	86.4%	7.0%
月経は衰弱させるもの	男性	19.6%	68.2%	12.3%
	女性	27.9%	65.5%	6.6%
月経は恥ずかしいもの	男性	7.9%	76.5%	15.7%
	女性	8.9%	85.3%	5.8%
月経は行動の障害になるもの	男性	41.4%	41.4%	17.3%
	女性	64.3%	31.0%	4.7%
月経は面倒なもの	男性	52.5%	22.9%	24.6%
	女性	86.8%	10.1%	3.1%
月経は我慢すべきもの	男性	28.5%	44.1%	27.4%
	女性	59.3%	34.9%	5.8%
月経は女性であることの確認	男性	47.5%	33.0%	19.6%
	女性	47.3%	42.2%	10.5%
月経は身体を確認させるもの	男性	47.5%	33.0%	19.6%
	女性	47.3%	42.2%	10.5%
月経は自然なもの	男性	84.4%	3.9%	11.7%
	女性	81.8%	11.6%	6.6%
月経は大切なもの	男性	76.5%	7.3%	16.2%
	女性	67.4%	24.8%	7.8%
月経は誇りに思えるもの	男性	21.2%	39.7%	39.1%
	女性	10.5%	80.2%	9.3%
月経は気持ちのいいもの	男性	8.4%	56.4%	35.2%
	女性	1.2%	91.5%	7.4%
月経の症状の訴えは言い訳	男性	10.1%	44.1%	45.8%
	女性	10.5%	77.5%	12.0%

男性はN男高校、女性はS女高校
(出典：高瀬幸恵「高校生の月経観・射精観（S女高生とN男高生の比較)」愛知性教協例会資料、2011年を改変)

表４　射精に対するイメージ

		肯定的	否定的	わからない
射精は病気のようなもの	男性	6.1%	87.7%	6.1%
	女性	1.2%	72.1%	26.7%
射精は汚らわしいもの	男性	15.1%	75.4%	9.5%
	女性	8.5%	64.3%	27.1%
射精は衰弱させるもの	男性	13.4%	79.3%	7.3%
	女性	2.7%	61.2%	36.0%
射精は恥ずかしいもの	男性	18.4%	70.9%	10.6%
	女性	7.4%	57.4%	35.3%
射精は行動の障害になるもの	男性	11.7%	81.0%	7.3%
	女性	5.8%	49.2%	45.0%
射精は面倒なもの	男性	14.0%	75.4%	10.6%
	女性	7.4%	42.6%	50.0%
射精は我慢すべきもの	男性	14.5%	74.3%	11.2%
	女性	7.8%	42.2%	50.0%
射精は男性であることの確認	男性	54.7%	35.2%	10.1%
	女性	29.1%	30.6%	40.3%
射精は身体を意識させるもの	男性	48.6%	38.5%	12.8%
	女性	20.9%	32.6%	46.5%
射精は自然なもの	男性	76.5%	15.1%	8.4%
	女性	20.9%	32.6%	46.5%
射精は大切なもの	男性	69.8%	21.2%	8.9%
	女性	36.4%	23.3%	40.3%
射精は誇りに思えるもの	男性	25.7%	54.2%	20.1%
	女性	8.1%	41.5%	50.4%
射精は気持ちのいいもの	男性	69.8%	19.0%	11.2%
	女性	20.2%	24.4%	55.4%
射精なし＝イライラは言い訳	男性	17.9%	53.1%	29.1%
	女性	15.1%	29.5%	55.4%

男性はＮ男高校、女性はＳ女高校
(出典：高瀬幸恵「高校生の月経観・射精観（Ｓ女高生とＮ男高生の比較）」愛知性教協例会資料、2011年を改変)

「月経は汚らわしい」に肯定的（猪瀬氏の調査では「同意」と表現されていた――同様に否定的は「非同意」）なのは、女子六・六％、男子五・一％でほとんど差異はない。「恥ずかしい」も八・九％と七・九％でほぼ同じと言ってよい数値であった。私はここに、この調査の対象となった学校において、性教育（特に女子の性に関して）がかなりの程度すでに行なわれていることを感じ取った。では、射精についてはどうだろうか。「汚らわしい」への同意（肯定的）は、女子八・五％に対し、男子は一五・一％、「恥ずかしい」への同意は女子が七・四％であるのに対し、男子は一八・四％、何と北海道の高校生と極めて似通った数値だったのである。

2――二つの調査結果から考えること

(1)男子高校生の射精に対する肯定感の低さをどう考えるか

つまり、どちらの調査においても射精という自らの性的成熟の明確な発現を、男子の一五％程度が「汚らわしい」と感じ、二〇％ほどが「恥ずかしい」と意識している。いったい、このことをどう考えたらよいのだろうか。

私の頭にまず第一に浮かんだのは、「もしも女子に月経学習がなかったら」、女子は初めての出血を伴う生理現象をどれほどの恐怖と不安で迎えるだろうか、ということであった。しかも、それはその後、定期、不定期に繰り返し自分の意思と関係なくあらわれるのである。

第二に、全国各地で行なわれている「チャイルドライン」などのさまざまな電話相談に寄せられる不安、疑問、悩みの中で、特に「性」に関するものは圧倒的に男子からが多いということである。統計を見ると、多少順序の違いはあるが、そのトップはほぼ「マスターベーション」に関するものであり、包茎や性器の形・大小に関する悩みがそれに続いている。これは、学校や家庭において男子の性について丁寧に学ぶ機会がいかに少ないかを物語っている。

第三に、ここが私として特に強調したいことであるが、「自らの性（性器を含むからだ、性的欲求、マスターベーションも含む性的ふるまいなど）に肯定的になれないと、相手の性、人間の性そのものに対して肯定的になりにくいのではないか」ということである。この考えをもとに、一気に男子の性の暴力性、攻撃性、それとは正反対とも言うべき性的忌避、回避に結び付けるのは独断に過ぎるとは思うが、しかしそこに何らかのつながりはあるのではないかと考えたのである。つまり、相手の性に対し優しく肯定的に対応するには、自らの性をよきものとする肯定的な理解が必要不可欠なのではないか、ということである。

(2) 二つの調査結果がもたらした新たな問題意識

このように、これら二つの調査結果は私に新たな問題意識をもたらしてくれた。そして、このデータを大人の男性たちがどう受けとめるのかに興味をもった。そこで、講演依頼に応えて各所を訪れた際、講演終了後の懇親会などの折に、そこに参加してくれている男性に尋ねてみた。「精通経験（初めての射精）をどんな思いで迎えましたか」「マスターベーション（私はセルフプレジャーと言い換えて話すようにしているが）に伴う感情をどんなふうに思い起こしますか」などと。先立つ講演の内容が性に関するものであるということから、参加される男性の方のこころはすでにある程度開かれているので、私の問いかけに対してもかなり率直に答えていただけた。

精通については、「これで大人になったんだ」と幾分誇らしく、また安心できたという人もいたが、その人たちは友だちや先輩から精通に関して話を聞いていたからであって、そうでない多くの人は、「ビックリして誰にも言えなかった」「汚いと思ってパンツを捨てた」「病気になったと思った」とか、中には「からだが腐っていくのかと不安だった」という人もいた。それに続くマスターベーション行為についても、「すれば後悔するのに、またしたくなる自分が惨めに思えた」「性欲なんかなくなればいいのにと思った」「楽しむというよりも、やむを得ず『抜く』という気持ちだった」などの意見が出され、同席している女性たちを驚かせた。

また、北海道での調査結果を見ると、射精について「自然なもの」「大切なもの」という項目に非同意の男子が二〇％以上もいるのは、それについて学んでいないのだから仕方ないと納得できるとしても、「気持ちいいもの」について男子の三人に一人（三三・三％）が非同意ということ（愛知県での調査結果では「気持ちいいもの」に否定的な男子は一九・〇％であった）には、にわかに首肯できない読者もおられるのではないだろうか。私にとってもこの数字は、予想をはるかに超えるものであった。「男子の性の開花は射精の快感によって始まる」などとよく言われてきたが、これなど極めて雑駁な議論だったと言わざるを得ない。

このような経験から、私はあらためて男子が自らの性の成長、変化、とりわけ射精という現象について学ぶことの大切さを痛感し、機会ある度にそのことを訴えている。第3章では、大学生に「男子の性」について講義した際の学生からのショートレポートを紹介するが、いかに男子の性が放置されてきたか、そしてそれが現実の性意識・性関係にいかに災いをもたらしてきたか、深く考えなければならないと思う。

第2章

自らの性への肯定感を阻むもの

1 ——「男子の性」を学ぶことの重要性への気づき

「男子にも性の学びを」という主張を、私はもう二〇年以上も前から行なってきた。男子の性的無知、性的無理解、性への思い込みや偏見が女子との関係性を損なう大きな理由の一つであると考えていたからである。そして、男子に対し、妊娠の可能性や不安を抱えている女子の性、暴力・強制の被害を受けやすい女子の性、月経リズムを司るホルモンによって生理的・心理的影響を受けやすい女子の性への理解などについての学習を進めながら、男子の性行動、性表現のコントロール、改善の重要性を説くような指導に力を入れてきた。

それはこれからも大切な性教育だと思う。しかし、第1章で示した調査結果にもあるように、実は男子自身、自らの性に嫌悪感、忌避感、コンプレックスを抱きながら生きていて、それが多数とは言えないまでも無視できない割合を占めていること、あるいは、いつも自覚しているわけではないにせよ、言われてみれば自分のこころの中に潜んでいる自らの性に対する卑しさや不潔感などが、女子との「柔らかな関係」づくりを阻んでいるのではないか、ということへの気づき——そこに立ち返って考え直し、学び直すことが男子に求められているのではないかと強く思うようになったのである。

この私の考えを力強く後押ししてくれたのが、森岡正博著『感じない男』(ちくま新書)である。

この本を私は数年前に手にして読んでいたし、実は著者の森岡氏を私どもの研究会（性教協）にお招きして直接話を伺ったこともあった。当時、私の印象に強く残ったことは、自ら不感症かつロリコンと言われるセクシュアリティを生きているご自身の率直な経験・歩みの披瀝に圧倒されながら、男性も実にいろいろで、私とは随分違うなぁ、違う人もいるのだなぁと、少しばかり傍観していたように思う。しかし、その後もずっとどこか気になる本であり、気になる話ではあった。それがこの度あらためて読み返す中で、特に「第五章　脱『感じない男』に向けて」の中の『射精』体験と自己否定の感覚」という項に釘付けになったのである。私なりのとらえ方に基づいて、いくらか引用させていただきたい。

著者は、ご自身のセクシュアリティ形成の歩みをふり返りつつ、ご自身の中にある二つの根本問題として、「私が不感症である」ことと、「私が自分の体を自己肯定できていない」ことを挙げられた。そして、ある会合で、買春をしているという中年男性の発言（この男性は、ポルノビデオの話題の中で「ビデオに映る女の裸は刺激的だ」という話になったときに、ある女性の「では裸の男の人の男のビデオはどうですか」との質問に対し、「だって男の体は汚いじゃないですか！」と反応した）に、著者は「何かが一気に分かったような気がした。女を買うということ、ポルノに没頭するということ、それらの根っこには『男である自分の体は汚いじゃないか！』という強烈な意識があるのではないかと思ったのである。この男にかぎらず、もっと一般的にそういうことが言えると思った」と記している。そして著者は、「男である自分の体が汚い」「体毛が密集し、肌の色は悪く、骨がごつごつしており、筋肉がうっとうしいこの体。精液によって汚れてしまうペニスと周辺の毛。自分の体はほんとうに汚いという実感がある」と続ける。

――私が自分の体を汚いと感じるとき、とくにどの部分をいちばん汚いと感じているかというと、それは自分のペニスの周辺である。もっとずばり言うと、精液が出たあとのペニスの周辺である。なぜなら、セックスのときであれマスターベーションのときであれ、射精後にどうしても精液がペニスに付着するからである。そのあとで精液を拭き取らなければならない。このときに、私は自分の体をもっとも汚いと思うのである。

なぜなら、ペニスに付いた精液を拭き取る行為は最初に夢精した中学生の頃へと私を連れ戻してしまうからである。中学生になったばかりの頃、私は最初の夢精をした。朝起きてみたら股間に妙な感覚があって白いねばねばしたものが付いていた。私はどうしていいかわからず…（中略）…射精が終ったあと眠い目をこすりながらティッシュで股間を拭き、汚れた下着を洗面所に洗いに行ったりするのはつらい経験だった。精液で汚れた下着はいくら洗濯しても黄ばんで取れない。夢精をしないためにちゃんとマスターベーションしてから寝ても、やはり夢精をする夜もあるのだった。夢精の体験が「自分の体は汚い」という身体感覚を作り上げた。

――男の第二次性徴の核心である精通（初めて精液が出ること）の体験を私はまったく孤独の状態で迎えなければならなかった。私は誰にも相談できず、また相談する気にもなれず、ひとりでこれらのことを抱え込んでしまったのだった。私は自分が夢精しなければならない体として生まれてきたことや、男の体になっていく自分自身というものをどうしても肯定できなかったのである。

そして著者は、次の提言をする。

――男の子にとって、夢精の体験はきわめて重要であるといまになってみて思う。男の子の性教育は、最初の精通をいかにして肯定的に迎え入れるかというところから出発しなければならない。

このくだりを私は全面的に支持したい。そして、よくぞ書いて下さったと感謝したいと思った。さらに続けて著者は言う。「男の子は自分の夢精をまわりから黙殺され、ひとりで抱え込み、その結果、自分の体に対する否定的な感覚を植え付けられてしまう危険性があるのだ」と。

――もう一度確認すると、夢精のときの精液の汚さが「私の体は汚い」という意識を作り出し、射精のあとの暗く空虚な感じが「私は不感症である」という意識を作り出した。その二つのせいで私は自分を肯定できなくなったのである。

こうした文章を読みながら、月経学習には長い経験と蓄積があるからそれなりにイメージをつくりやすいが、射精学習を行なうとしたらどのような考え方をもとにしてその内容をつくっていけばよいのか、いろいろな思いがめぐり始めた。

2――射精が肯定的に受け入れられにくい三つの理由

男子が自らの性に否応なく向き合うことになる「射精」、これをきっかけとして、からだ・こころ・性は大人に向かって大きく変わり始める。そのあらわれ方には個人差があることを前提としつつも、次第に性的な関心、欲望に目覚め始めていく。そしてマスターベーション（私はこれを「セルフプレジャー」と言い換え、一つの性行為として積極的に肯定していく立場でいる）との葛藤という経験が始まる。つまり「射精」は、男子としての新たな誕生とも言うべき出来事なのである。その出来事を肯定的に受け入れられるか、否定的なイメージでもって経験するかは、その人のその後のセクシュアリティ（性と生のあり方）やセクシュアル・ライフにとって重大な意味をもつことは十分ご理解いただけると思う。

その射精について、肯定的に受け入れられにくい理由がいくつかある。『感じない男』の著者もいくらか書いているが、電話相談や講演会その他の機会に寄せられた質問や相談を通じてわかったことを列挙してみよう。

①白くてドロッとねばねばしている精液が汚いと思えてしまう。膿のようで病気じゃないかと

か、中には体が腐ってしまうのかと悩んだ男子もいるほどである。
②普段は尿が出ていく尿道を精液が通るわけで、そのために精液を不潔だと思っている。
③射精のときに快感を感じる（その感じ方には個人差があるが）ことが、自分だけそうなのかと思い込んでしまって、自分はいやらしいとか卑しいと思う男子がいる。

この他に、精液の臭いが不快で、そのために汚らわしいとか恥ずかしいと感じるという声もある。さらに言えば、射精、精液とも否定的に思っているにもかかわらず、射精した後数日経つか経たないうちに（数日どころか毎日あるいは一日に二回もとかいう男子もいる一方、一か月に一回ぐらいとか、これまでしたことがないという男子もいて、まさに千差万別であることも指摘しておかねばならない）、またむくむくと欲望が湧き起こってきてペニスをしごいている自分に気づき、「男」であることに醜さというか嫌悪感が積み重なっていくという声もあった。

こうした疑問、射精や自分の性に肯定的になれないいくつかの理由に対し、できるだけわかりやすく答えていくことが、射精学習としてまず必要なのではないか（月経の不安や疑問に対して、「大丈夫だよ」「心配いらないよ」という対応だけではなく、なぜ血液が出るのか、その血液と普段血管に流れているものは同じものなのか違うものなのか、どのくらいの量が出るのか、何日ぐらい続くのか、なぜ月経痛が起こるのか、どうしたら少しでも快適に過ごせるのかなど、具体的に納得がいくように学習を進めることが大切なように）。ここでは、そういう立場に立って学習の中身を考えてみたい。

(1) 精液はなぜ白っぽくてねばねばしているのか

このことを理解させるには、まず精液について説明しなければならない。精液とは、精子と精しょう（精嚢からの分泌液や前立腺液など）が混じり合ったもので、精子は精しょうと混合することで初めてエネルギーを与えられる。つまり、精子はそれ自身、活動力をもっているわけではない。精子について話されるとき、しばしばしっぽ（鞭毛《べんもう》）を振って活発に動き回る（泳ぎ回る）姿を思い浮かべられるのであろうが、実はそれは精しょうと混ざって腟の中に入ってから（女子との性交があった場合）のことであって、それまでは精子は自力で動くことはできないのである。それまでの精子の移動（精巣上体尾部から尿道に至る約四〇〜五〇センチメートルの精管内の移動）は、精管のぜん動・ねじれによって素早く押し上げられていくのである（図1）。その精管は、直径三ミリメートル（内径〇・五ミリメートル）ほどの厚い筋肉層でできているという。

先ほど、精子は精しょうと混ざることでエネルギーを得ると書いたが、そのエネルギーの源は精嚢液に含まれる果糖などであり、その果糖の結晶が白色であるという記述に出会うまでには、実は相当の時間が必要であった。なぜ精液が白っぽいのか、精液の成分にはどんなものが含まれているのか、精しょうの大部分は水分だと言われるが精嚢と前立腺からの分泌物はどのくらいの割合なのか、これがなかなかわかりにくかったというか、明確に書いてなかったり、書いてはあっても学者、研究者によってまちまちであったりして、正直、大変困惑した。一九九三年に出版した拙著『男性解体新書』（大修館書店）にも、実はこのあたりのことを書いている。「たとえば、

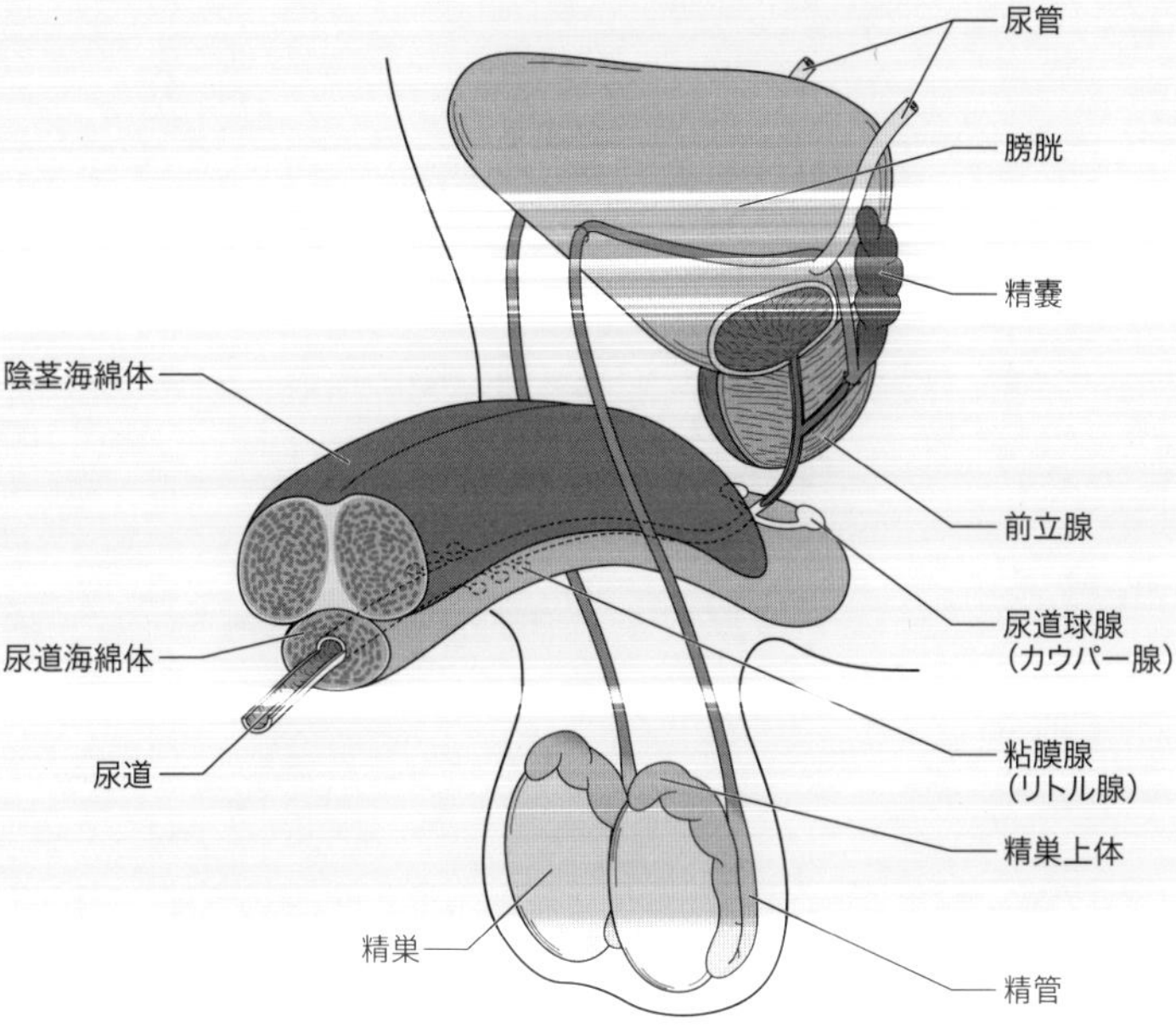

（安澄権八郎著『精子の神秘』北隆館を参考に作図）

図１　ヒトの生殖系の模式図

マイケル・カレラ著『心とからだの百科事典』（講談社）では精のう液が約四%、前立腺液が九五%、残り一%が精子とあります。ところが斉藤三朗著『青年のための性科学入門』（学習の友社）では精液の九〇%は水分で、そのうち六〇%は副睾丸や精のう腺からの分泌物、二〇%が前立腺液、残り五%がカウパー腺液と精子である、というようにずいぶん違いが見られます。しかしその他の著書を見るとだいたい精液の三分の二は精のうから、三分の一弱が前立腺、そして精子となっているようです」と。

今回の執筆に当たり、なお数冊に当たってみたが、この状況に変化はないようである。その中から、私は主に矢沢潔著『日本人の精子力』（学習研究社）によって論を展開することにした。そこに精液について記されていることを要約してみる。

——精嚢がつくり出す分泌物は精液の半分以上、約60%を占めている。（中略）精嚢の分泌物は量的に多いだけでなく、その役割は非常に重要である。この液体はアルカリ性（pH7・2〜8・0）で、精子の運動エネルギーとなる果糖（フルクトース）を含んでいる。（中略）この分泌物が加わった精液は全体としてアルカリ性になるが、これは女性の膣内で精子を保護する役割を果たす。膣内はふだん酸性に保たれているので、精子がそのまま放出されるとすぐに死んでしまう。そこでアルカリ性の分泌物が膣内を中和すると同時に、精子を包んで保護するようにはたらく。この分泌物に含まれていて精子の運動エネルギーとなる果糖は白色の結晶で水に出会うとすぐに溶けて透明になる。マスターベーションなどで体外に放出された精液が乾くとかすかに白っぽい痕跡を残すことがあるのは、水分が失われた後にこの果糖が結晶化するためである。

——前立腺は直径4センチほどの筋肉性の器官で、内部を尿道が通っている。精管はこの尿道にあいた小さな穴から精液を尿道に送り込む。精液はそこで前立腺がつくる分泌物（前立腺液）と合流する。最終的に精液の30％ほどを占めることになる前立腺液には尿路感染を防ぐ抗炎症物質（セミナルプラスミン）や、酸フォスファターゼと呼ばれる酵素が含まれている。

——ともかくこうして前立腺を通過した精液は、さまざまな分泌物によって精子を保護しながらペニスの中の尿道をいっきに通り抜ける。尿道を通過する際には、尿道の途中に口を開けているカウパー腺とリトル腺からの透明な分泌物もこれに加わる。射精前に少量の透明な液体がペニスの先端から流れ出たとしたら、それはこのカウパー腺とリトル腺からの分泌液である。

これで、(1)の疑問への答えは一応ほぼ出たように思う。精嚢液の中に果糖の白い結晶が混ざっており、精子のボディガード役となる成分を含む前立腺液も幾分白い色をしている（ただし、その色が何によるものかははっきりわからない）ということである。つまり、あの色とネバネバは精子の活動を支える栄養源であり、精子を守るためのものであった。

次に、引用文の中にあった「膣の中の酸性環境から精子を守る」という記述について、私なりに少し説明を加えておきたい。

精子は、熱と酸性環境が苦手である。精子をつくる精巣が、出生時近くになると元々の位置（卵巣の位置と同様の）から下降し体外に出ていくのも、体内の温度環境では精子を産生できないからである。

さらに、酸性である膣の中では精子は生き残れない。そこで、アルカリ性の精嚢液によって保護されるだけでなく、さらにゼリー状の分泌物〈注1〉に守られてなるべく膣の奥にはり付き、精液が膣からすべて流れ出ないうちに少しでも多くの精子を子宮頸管に、さらにその先の子宮に送り込もうとするのである。

子宮に入れば次に卵管をめざし（二つの卵管のうち一方の先には卵子はない）、さらに卵子をめざして力を振り絞り一分間に〇・二〜〇・三ミリメートルほど（時速約一・五センチメートル）進んでいく（子宮の長さは約七センチメートル、卵管は約一〇センチメートル、合わせて一七センチメートルほどを）。

たった一個の精子しか受精しないのに二〜三億個もの精子が射出されるのも、精子の数が一ミリリットル中二千万個以上ないと乏精子症と言って妊娠成立が困難と言われるのも、大多数の精子が膣内で生き残れないばかりか子宮内においても「異物」として認知され、白血球の中の大食細胞（マクロファージ）によって食べられてしまうからである（ただし、子宮内はアルカリ性環境なので三日以上、一週間ほど生き残るものもある）。

以上の内容をどの程度詳しく語るかは、学習者の関心と理解の程度に応じて柔軟に考えるべきだが、この程度のことがわかっていれば「白いのは膿じゃないよ。精子のエネルギーのもとになる栄養分だよ」「ねばねばしているのも汚いものではないよ。精子のボディガードをするものだよ」「生殖のために大切な意味と役割をもった液体なんだよ」と、自信をもって語れるし、語ってやってほしいと思う。

〈注1〉この分泌物について『性の事典』（野末源一著、ごまブックス）には、「前立腺から分泌されるヒブリンという繊維素のはいった液体で、このヒブリンはドロッとしている上に空気にふれると寒天のように固まってしまう性質がある。射精した精液をそのまま放置しておくと、最初はノリのようにベタベタしていたのがやがて固まってしまうのはそのせいだ」とあった。なお「ヒブリン」は「フィブリン」と表記されることが多い。

(2) 精液は尿道を通って出てくるので汚いのではないか

まず、尿は汚いものではない、正確に言えば体の中にあるうちの尿は汚くない。もしも尿にバクテリアなどが混じっている人がいたら、尿道炎か膀胱炎を患っている人である。このことは、胎児が子宮の中で自分が出した尿を飲んでいることや、「飲尿健康法」といって尿を飲む人もいることからもわかる。尿は、元々血液の中から濾しとられたものであり、尿それ自体は汚くないのである。このことをまず理解させたい。

次に、精液に尿が混じるかどうかについて。これについては、膀胱の出口のところの内括約筋が、射精の合図による自律神経の興奮によって収縮するので、基本的に尿が精液に混じることはないのである（次頁図2）。つまり、尿道という言葉から「尿」のイメージが強く刷り込まれて

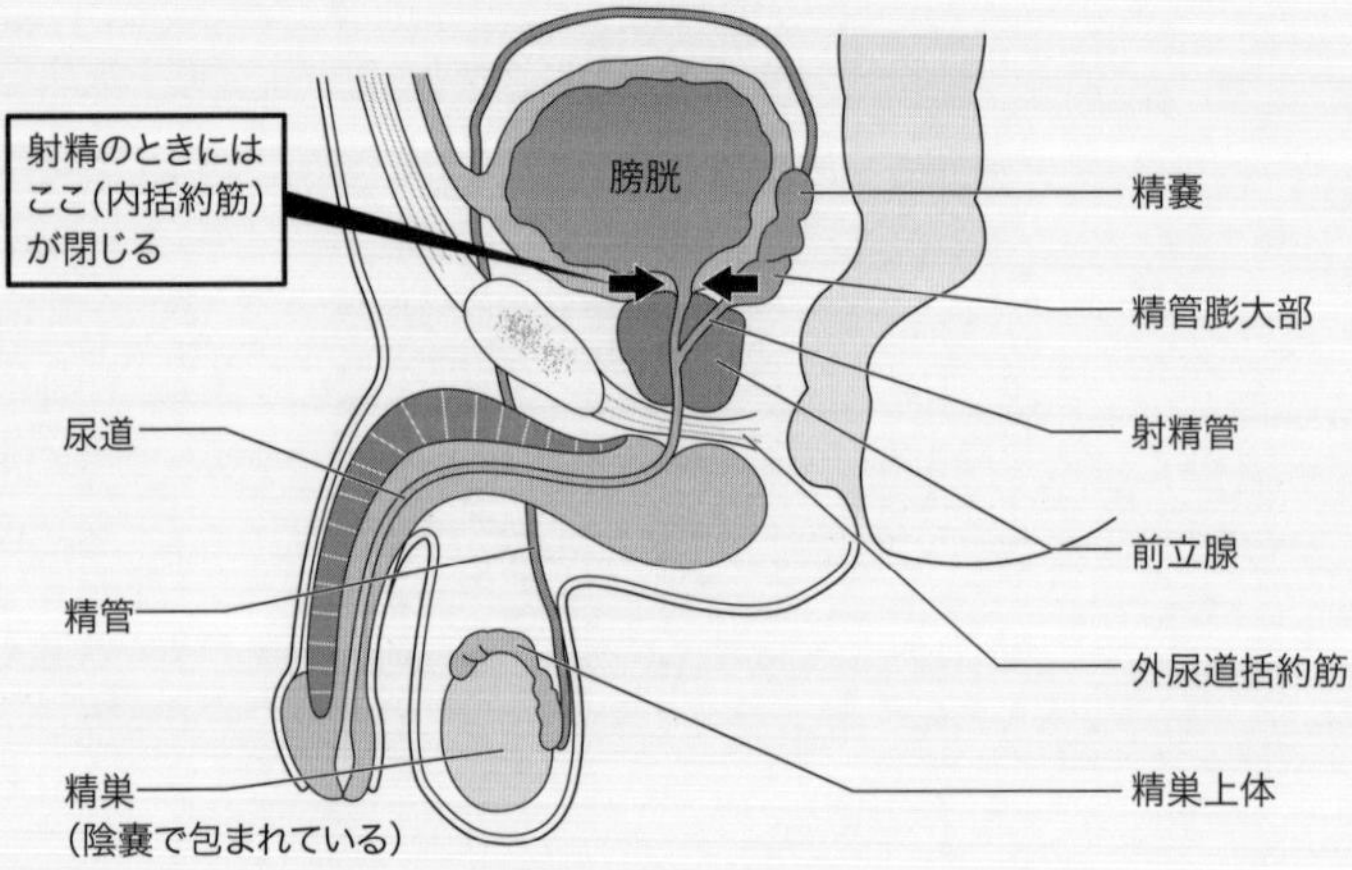

図2　精液と尿が同時に出ないしくみ

いるが、射精のときは「精道」なのである。

なお、尿は酸性のため、射精に先立つ性的な興奮によってカウパー腺から分泌されるカウパー液（俗に、「がまん汁」とか「先走り」と言うようであるが）で、尿道は中和されるようになっていることも付け加えておいてよいのではないか。つまりこの疑問に即して言えば、尿は汚くないこと、また、汚い・汚くないということと関係なく尿が精液に混じることはないのである。

(3) 射精のときの快感のために自分の性をいやらしいとか卑しいと思ってしまう

性的快感を覚える自分（そしてまた相手の人）を、誇らしいとは思わないまでも喜ばしく嬉しいと思えるかどうか。それとは逆に、いやらしいとか卑しいと思ってしまうかどうかは、その人のセクシュアル・アイデンティティ、ひいてはセクシュアル・ライフそのものにとって重大な影響をもたらすはずである。それは、「快感」に出会うまでの育ちの中で、自分のからだ・性器に対してどのような感覚を身につけたかということと深く関係すると思う。特に、性器に対して子どもの頃からいやらしいところ、不潔なところという意識が育てられれば、排尿や月経、射精その他の機能についても不潔視するようになるのは無理からぬことと言えよう。

したがって、子どもの頃から、例えば「パンツをはく」のはいやらしいところ、恥ずかしいところ、不潔なところを隠すためではなく、性器は柔らかく傷つきやすい大切なところ、だから下着で保護するため、というように意識を切り換えることから始まって、肯定的な性器観を育てることが大切だと思う。

つまり、快感を卑しむ感覚をもってしまう背景には、性器や性を不潔視する意識があり、その結果、性的快感を感じる自分に「後ろめたさ」とか「いやらしさ」を覚えるのではないだろうか。このことは、後の章であらためて詳しく取り上げるマスターベーションに対する後ろめたさ、いやらしさにもつながる問題であり、軽視してはならないことだと思う。

私は、射精に伴う快感（これも個人差が大きくあり、快感というよりもやむを得なくする排泄行為というように感じている人もいる）を、悩み多い人生を生きていくための、いのちをつないでいくための「ご褒美」と位置づけている。快感があるから、人間は性行為をやめないで生きてきた。新しいいのちの成り立ちのために、人と人とのつながりをもとに暮らし続けるために、さらに、生きにくい人生を辛うじて生き続けるために、快感に惹かれて性行為をやめないできたのではないだろうか。

そして、性の快感を自覚することを通して親から離れ、生殖の力をもつ大人になり、大人として生きていく。この意味において、快感は生きものとしての人間に組み込まれた生殖戦略の一つであると言えよう。

なお、精液の臭いに不快感を覚え、それが射精に対する否定的イメージを一層強化しているというものもある。精液の臭いにも個人差があって一様ではないが、よく言われるものに「栗の花の臭い」というのがある。

それについて、私にも若い頃の鮮烈な記憶がある。栗林の近くを歩いていて、突然「あっ、これは精液の臭いだ」と直感するほど強烈な臭いに襲われた。その精液も青年期の頃は臭いが強いが、年齢を重ねるとだんだん臭いはしなくなっていくように思う。いずれにせよ、「そういう臭いがするものだよ」とわかっていれば受け入れられるのではないだろうか。知らないでいると、「自分だけがこんな臭いがするのではないか」「体の臭いが染み出していくのではないか」というものから、「このまま少しずつ腐っていくのか」などとんでもない考えにとりつかれ、コンプレックスに閉じ込められてしまうかもしれない。

わかってしまえば他愛のないことでも、わからないでいるために思い込みにとりつかれて苦しむことになる。そうならないためにも、丁寧に話していきたいものである。〈注2〉

〈注2〉この精液の臭いについて、「前立腺分泌物に含まれているスペルミンという物質が酸化したものである」との記述がある（安田一郎著『sex探究』講談社）。

第3章
射精の快感とセルフプレジャー

射精の快感を、私は「生きていくことへのご褒美」と表現した。そして、マスターベーションを「セルフプレジャー」と言い換えて、マイナスイメージを払拭し、プラスイメージに切り換えていきたいと考えている。なぜなら、その行為は自分自身のからだ、性器、いのちへの愛着、自信、安心を育てる上で積極的な意味をもっているると考えるからである。したがって、単なる言葉の言い換えではなく、その行為のもつ意味をとらえ直し、セルフプレジャー（自体愛・自己快楽）と言うにふさわしく、ゆったりとした気分で快い感覚に浸るようにするのが望ましい。後ろめたさに苛まれ、急かされたような、慌ただしい、ただ「抜く」ためのそれとしてばかりではなく。

マスターベーションという言葉は、「手で汚す」という意味のラテン語に由来するとされている。オナニーという表現がしばしば使われるが、これは『旧約聖書』の中にあるユダの子オナンに関する記述に由来するもので、本来の意味は「中絶性交・膣外射精」であって、マスターベーションとは異なることである。

マスターベーションは、「手淫」ないしは「自瀆」とわが国では訳され、よろしくないこと、汚らわしいこと、悪行として流布された。江戸時代の頃までは、「せんずり」「手銃《てづつ》」「手ぼぼ」「猫なで」など、善し悪しの価値観を伴わない表現であったのにくらべ、甚だしい違いがあると言わざるを得ない。これはユダヤ教、キリスト教、イスラム教などが、生殖の目的をもたない性行為を罪悪としていたために、マスターベーションを禁じたことによっている。〈注1〉

わが国で性に関する教育が論じられ始めた大正時代、「性欲教育」という言葉が登場するが、その内容が自瀆（マスターベーション）の害を説くようなものであったことにその影響を見ることができる。その後、さまざまな論議を経る中で「性教育」という表現が使われ始め、さらに山本宣治らによって「自慰」という言葉が登場する。「――科学の用語にモラルの価値判断として淫を使うのはまちがいであるから、私たちは手淫や自瀆を自慰、淫夢を性夢、淫行を性交とかたっぱしからあらためた――」（安田徳太郎「日本における科学的性研究」『思想』特集「性」、昭和三一年一月号）。これを読むと、私たちが当然のように使っている「性交」も、かつては「淫行」(注2)と表現されていたことに、あらためてセックス蔑視の根深さを思う。

手淫、自瀆にくらべて、「自慰」は格段によい表現である。「慰」には「なぐさめる、いたわる、わびる」の意があり、「淫」や「瀆」よりははるかに肯定的である。しかしあえて言えば、そこにはまだ「やむを得なくする」とか、本来のものとは異なる「後向き」の営みとの印象を受ける。私は、そうした印象を払う意味から「セルフプレジャー」と表現し、自体愛（オートエロティシズム、autoとはselfと同様の意味をもつ言葉である）として位置づけたいと考えている。つまり、セルフプレジャーは「自体愛」、相手とする性行為は「相互愛」という認識を積極的に育てたいと思う。そして、この二つはそれぞれが独自の意味と価値をもつ性行為であり、どちらかの代替行為ではないのである。

ところが、まだまだ一般的には性行為（セックス）は二人でするものであるという思い込み、常識が根強くあり、一人でするのはみっともないとか惨めであると思われている。そのために、「相手のいない人がやむを得ずすること」というイメージが染み込んでしまっているように思う。私が言うセルフプレジャーとは、セックスの相手がいようがいまいが、自分一人の世界でファンタジーを思い描きながら性器を含む自分のからだを愛撫し、快感を味わい、性的緊張を解き放ち、生きている充実感を感じ取る性行為である。それに対し、相手とする性行為は互いの納得と合意と安心のもとで、互いの性器を含むからだを愛撫しあいつつ快感を分かちあうものであって、セルフプレジャーとは意味も目的も異なるセックス、メイク・ラブである。あえて両者の関係で言えば、性別にかかわらず、セルフプレジャーによって自分の性・性器の感覚をよくわかっている方が、メイク・ラブにおいて自分の感覚の好悪を相手に伝えることができ、そのことでより楽しくて深いセクシュアル・コミュニケーションが成り立つ可能性が大きくなるということであろう。

〈注1〉このマスターベーションに関する記述は『現代性科学・性教育事典』（小学館）の宮原忍氏の論稿を参考にさせていただいた。

〈注2〉淫行という表現は、今日でも「淫行処罰条例」などに引き継がれ残っている。

1――セルフプレジャーの積極的意味とは何か

ここで、セルフプレジャーのもつ積極的意味について整理しておきたい。

①性器を含む自分のからだへの愛着、性的な感覚（性的反応、感受性）が自覚でき、性的主体

としての自己確認が進む。
②性的な衝動、緊張を自らの行為で解放、解消できるという自信、安心感が得られる。
③性衝動との葛藤を通じ、性的存在としての自分を見つめることによって、親から離れ、子ども世界から抜け出して、自立した人間（大人）としての自覚が高まる。

これら三点は相互に関連したものであることは言うまでもない。また、それぞれの積極的意味を実感するためには、セルフプレジャーを肯定的に体験することが不可欠である。そうした意味からも、セルフプレジャーについて学び、考える機会を設けることが重要になる。

①については、すでに述べているのでここで重ねて記述することはしない。

②について、従来、性欲は本能であって理性を超えたものなどと言われたし、今もそう主張する人は多い。「特に男の性欲は——」と、まるで野に放つ獣のように表現する人もいる。(注3) そして、「だから買春がなくならないし、強姦もなくせない」とか、「そんなふうに我慢できないのが男の性欲なのだから、むしろ女が注意し、襲われないようにすべきだ。そうしない女が悪い」など、盗っ人猛々しい言説をまともに言い募り、気色ばむ男性がいて、腹立たしさを通り越して情けなくなる。

性欲が湧き起こるのは、本能ではなく生理現象である。生理現象であれば、意思や理性によってそれを大きくしたり、消し止めたりすることはできないだろう。しかし、人間は誰しも生理的欲求のままに行動するわけではない。欲求そのものはコントロールできないが、行動はコントロールできるのである。現に私たちは皆、行動をコントロールすることで社会生活を成り立たせているのである。性欲も同じである。

では、どのようにコントロールしているのか、していったらいいのか。

a．我慢する。

b．気持ちを他に向けて（例えば趣味の活動、スポーツ、テレビ視聴など）紛らす。

c．セルフプレジャーで解消する。

d．相手との合意のもとでセックスする。

これらの四つには特に順序はない。性欲が高まったからといって、射精しなければならないわけではない。我慢していいし、何か夢中になれる活動に取り組んで気持ちを切り換えるのもいい。しかし、無理にそうするのではなく、セルフプレジャーで解消してもいいのである。そのようにして自分の性欲を自己管理（自己支配と言ってもよい）できるという自信、安心感をもつことは、からだ・こころの健康にとってとても大きな意味があるのではないだろうか。そしてまた、そのように意思的に対応できること自体、性の自己決定能力が身についた（身につき始めた）と考えるべきだと思う。

この点で、例えば知的障がいとともに生きる子どもたち、人たちにとって、セルフプレジャーができることは自らの性欲を管理する力を身につけたということであり、人間としての発達の段階を一つ越えたことの証しだと、障がい児・障がい者の性の研究にかかわる人たちが考えるのは極めて至当であると思う。〈注4〉しかも、それは決して障がいとともに生きる人たちだけのことではないのである。

dはa、b、cとはまったく異なった問題である。なぜなら、相手のある性行為・性交は、自らの意思によってのみ行なうものではないからである。相手の人の人生や健康や喜び、悲しみに必ずかかわっていく問題であり、その「かかわり」から生ずるさまざまなことを覚悟して行なう行為であることを理解させる必要がある。したがって、セックスは基本的に子どもがする性行動ではあるまい。何歳まではダメで何歳になったらよいというような線引きなどできないし、しても意味のないことであるが、少なくとも単なる好奇心や、相手の人生にかかわっていく意思や能力のないうちのセックスは互いに重荷になるだろうし、不幸につながりやすいことはよくわからせておきたいものである。このことをどう伝えたらよいか、大いに工夫が要ることではある。しかし、「まだ早い」と言うときに、「子どもだから」とだけ決めつけたり、「妊娠したら（させられたら）どうするのか」とか「病気になるぞ（感染する、させる）」という言い方だけで抑制、禁止しようとするのは教育的ではないし、子ども、若者たちの意思を尊重しているとは言えず、かえって反発を買うだけである。「だったらコンドームをつければいいだろう」と開き直ることさえある。コンドームをつけなければならないのは、子ども、若者だけでなく大人も同じである。

したがって、コンドーム云々にとどまらず、むしろセックスをすることの意味、そこから始まる人間関係の新たな変化が二人の人生にもたらすものは何か、などについて大人である私たちが子どもや若者に丁寧に伝え、考えさせていくことこそが教育であり、子ども、若者たちも大人のそうした働きかけをむしろ待ち望んでいるのではないだろうか。

③性衝動との葛藤を通じ、性的存在としての自分を見つめることによって親から離れ、子ども世界から抜け出て、自立した人間（大人）としての自覚が高まるということについて。

性衝動との突然の出会いは、男の子に大きな不安や混乱をもたらすに違いない。「こんなことがあっていいのか」「自分だけなのではないか、こんなふうになるのは」などとびっくりするだろう。事前に学んでいればまだしも、何も知らない状態であればその不安や悩みはいや増すに違いない。夢精という形で、あるいは自分の性的な行為によって射精し、しかもまたしばらくの後、数日後、二度、三度と際限なくからだの内部からつき上げてくる欲望、衝動との葛藤。こうして男の子の多くは、自分が「性欲をもつ生きもの」であることと否応なく向き合わざるを得なくなるのである。そして、そのことによって「もう自分は子どもではない」「親の言う通りになる存在ではないし、そうありたくはない」という自覚が促されるのである。やがて、親や大人からの干渉や支配を嫌い、踏み込まれたくない自分だけの小世界をつくりたくなる。もちろんそうした気持ちの強さには個人差が大きいが、私はウンと強い方であった。

私が育った家族は多人数できょうだい八人（一人の兄は戦後間もなく亡くなった）、私は末っ子の六男（姉が二人いて）であった。そんなに多人数の子どもに個室などあるはずがなく、いつも部屋の中には誰かがいて、一人でゆっくり本を読むとか、誰にも煩わされることなく何かしたいと思ってもできるような環境ではなかった。私はそれがつらくて苦しくて、嫌で、——それで中学の終わりの頃、とうとう親や兄たちに本当に無理を言って、狭い裏庭の片隅にトタン屋根で板張りの三畳ほどの部屋（というか小屋のような）をつくってもらった。私としても、それまでに家庭教師のアルバイトをしてお金をため、知りあいの材木屋さんに古材をゆずってもらいリヤカーで運ぶなど精一杯のことはしたつもりだが、それにしてもそんなわがままをよくぞ家族の者は受け入れてくれたと思う。

私はその「城」〈注5〉で、高校を卒業して東京へ出るまで四年間近くを過ごした。夏は焦げるように暑く、冬は凍るように寒い日もあったけれども、そこは私にとって掛け替えない「思春期の城」であった。私はその小屋で受験勉強もしたが、いろいろな本と出会い、小説のようなものを書き、なけなしのお金をはたいて買ったレコードを聴き、もの思いにふけり、試合に負けた悔し涙を流し、また、自らの性と性衝動に向き合った。存分に。

長々と私事を書き連ねて恐縮だが、思春期の発達課題とも言うべき「自立」の中に、性衝動をどのように受けとめたかがかなり大きな位置を占めていると考える故に、あのときその葛藤の時間と空間を必死に獲得しようとした私の経験を伝えておきたいと思ったのである。

思春期の子どもは親から離れようとする一方で、甘えたい、守ってほしい、寄りかかりたい気持ちも抱えている。その葛藤を「自立」に向かって後押しするのが、「性」である。「性」をバネにして孤独に耐え、孤独を受け入れる覚悟を迫られる。この意味で思春期は力あるものに頼りたい気持ちをもっていて、甘えさせてくれるものからの誘惑に弱い、危ない時期でもある。こうした葛藤をくぐり抜ける中で、長い間諸悪の原因とされ、苦しみの源とされてきた「性欲」を自分の人格に組み込むこと、人格から切り離さず人格の一部としてセルフプレジャーする自分を肯定的に受容することが、安定した自己形成にとって最重要の課題の一つであることは間違いないと思う。

セルフプレジャーの積極的意味を考えるとき、特にこのことを強調しておきたい。

〈注3〉ただし、あえて獣のために指摘しておくが、獣は強姦しない。悪知恵と腕力（手）をもつ人間だけの悪行である。

〈注4〉性教協の障害児・者サークルに所属する研究者・実践家たちは、障がいとともに生きる子どもが引き起こす「問題」行動は、実は発達要求のあらわれと受けとめるべきだと考え、性的な行動についても肯定的に対応すべしとしている。その取り組みには教えられることが多い。『SEXUALITY』№60（エイデル研究所）に掲載されている木全和巳氏の論稿「機能障害のある思春期・青年期の男の子たちの自慰支援の実践的な意義と課題」を読まれることをお勧めする。

〈注5〉心理学者ヴィゴツキーが言う「思春期さなぎ（蛹）論」になぞらえて言えば、あの「城」はさなぎを包む「殻」というか「被い」のようなものだったのかもしれない。

2——生涯の性におけるセルフプレジャーについて

セルフプレジャーは、メイク・ラブの代替物ではなく、それぞれに意味も目的も異なる、価値ある性行為として考えようと論じてきた。私たちは長い人生を生きる中で、いつもセックスパートナーがいるわけではない。それは何も結婚する、しないだけでなく、結婚していても、恋人がいても、その相手の人がいつもセックスに応じるわけではないし、その義務もない。つまり、セックスパートナーがいないのは若者時代だけでなく、恋人がいないときだけでなく、生涯の間にセックスパートナーのいない時間の方がずっとずっと長いのである。結婚していてもセックスレスの時期が当然のようにあったり（それをどう考えるかは別として）、離別、死別に見まわれればセクシュアル・コミュニケーションは途絶えることになる。高齢社会と言われる中で、長く続く老後はなおさらそうした可能性が大きくなる。「君たちは子どもだから」とか「中高生だから」、セックスはまだ早いからセルフプレジャーで我慢すべし、という言い方は、今日、もはや現実的ではないのである。

また、結婚しているのだから、恋人なのだからといってセックスを強いることなどがあれば、いまや虐待、DV（ドメスティック・ヴァイオレンス）と考えられるようになった。しかし、「だからセルフプレジャーで我慢する以外ない」と言うのではなく、自分の性欲を自分で手なずけて管理することを、年齢や結婚しているかどうかと関係なく当たり前と考えるのがより健康的だと考えようと言うのである。

そのセルフプレジャーも、いつも射精しなければならないという切迫感から自らを解放していったらどうであろうか。これは、後の章であらためて論を展開したいのだが、私は、「性の快感」を射精の有無にのみ焦点化して考えるのは、性行為のあり方をかえって窮屈にし、互いに追い詰めたり、追い詰められたりしてしまうのではないかという問題意識をもっている。もっと軽く、無理のないセクシュアル・コミュニケーションの意識を育てたい。そしてその核心は、オーラル・コミュニケーション（会話による親密な交流）であり、タッチング（ふれあうこと）であると考えたい。

3――セルフプレジャーのエチケット、マナーについて

こんな文章に出会った。「われわれが日常診療の中で、マスターベーションでは射精が可能であるが、性交の際の腟内射精が不可能な症例の約五〇％近くが枕にペニスを押しつけてじっと動かないまま射精する方法であることがわかっています。（中略）このようなことからマスターベーションを始める思春期に手でペニスを軽くにぎり、ピストン運動で射精する方法をどこかで教える必要があります。この年代では、学校における性教育の一環として教えるのが最も効率的と思われます。」（白井将文著『思春期男子の性』日本家族計画協会）というものである。

ペニスに対する不潔意識も手伝っているのか、枕や蒲団や器具などに押しつけて射精する男子がいる。あるいは、短い時間に急いで射精してしまおうということから、ペニスを強くしごくようになる。そのために、実際のセックスの際、腟内での刺激ではゆるすぎて、勃起、挿入は可能だがそれが持続できずに萎えてしまって射精には至らない。いわゆる性不全、射精不全の男子が

子どもにも大人にも確実に増えていると泌尿器科の医師から聞いている。近年の性教育抑制の状況のもとで、白井氏の提言をそのまま実行することはまず不可能であるが（マスターベーションそのものをまともに扱うことすら困難になっている）、個別の相談対応の機会その他で男子に伝えておきたいものである。

次に、大切なエチケット、マナーとして学ばせたいことは、「セルフプレジャーは、している当人にとっては楽しいこと、肯定すべきことであっても、他人が見たりすれば不快であり、嫌悪感を覚えるものである。したがって、他人に見られない状況のもとで行なうものであると同時に他人に見せたり、そそのかしたりしてはならない」ということである。

この他よくある質問として、セルフプレジャーの「回数」のことがある。「一日に二回も、ときには三回することもあるのですが異常でしょうか」とか、「毎日したくなるのはおかしいですか」といった悩みが男子についてまわっているようである。それは、こころのどこかにセルフプレジャーをすることへの罪悪感のようなものがあって、してはいけないこととか、するのはやむを得ないが回数は少ない方がいいと思っているから出てくる悩みなのであろう。実際に教師や大人、友だちからそのようなメッセージを受け取り続けていて、そう思うようになったということも大いに考えられる。いわゆるマスターベーション必要悪論である。

この考えに対し、私がセルフプレジャーは必要悪なのではなく価値ある行為として積極的肯定的にとらえる立場に立っていることは、すでに十分ご理解のことと思う。そして、回数の多い少ないなど、他人とくらべて悩むことなどまったくない。多過ぎれば、自分のからだや性器が反応しなくなる。反応しないのに、快感も感じないのに性器にいつもさわったり刺激していないと気が済まないとすれば、それはこころの病と考えた方がいいのである。そして、場合によっては精神科、カウンセラーを訪ねる必要もあるだろう。

また、マスターベーションのし過ぎを気にする悩みの中には「若いうちにあまりし過ぎると精子がなくなってしまうのではないか」というものもある。しかし、閉経（五〇歳半ばほどで卵子が排卵されなくなり、月経がなくなる）になる女子とは違って、男子には精子がなくなることはない（特別な病気にかかることなどなければ）。年齢を重ねれば、つくり出す精子の数は少なくなるが、つくり続けるのである。現に、七〇歳、八〇歳になって子どもを儲ける人もいる（相手の女性に妊娠能力があれば）のである。

ちなみに、資料によれば一人の男性が生涯につくり出す精液量は約二八リットル（五〇〇ミリリットルの牛乳パック五六個分）で、一兆個ほどの精子をつくるとか、もっと多いという説（一兆四千億〜二兆個以上という）もあるほどである。

4——女子のセルフプレジャーについて

男子の性について論じるのが本書の目的であるが、女子のセルフプレジャーについても一言ふれておきたい。本来、「女子の」とあえて言うまでもなく、性別によって何か違う見解があるわけではない。男子と同様に考えればよいのである。

しかし、これまで男子は性欲が旺盛で性行為に積極的なのは当然であるが、女子はそうではなく、セルフプレジャーもあまりしないし、しない方がよいというように一般的に考えられてきた。今もそう思う人は少なからずいる。そのために、セルフプレジャーについて、男であれば認められても、女はしない方がいい、するのは変だ、だらしない人だなどと非難されてきた。こうした考え方を切り換えていきたい。

女子もまた男子と同様、自分のからだや性器を愛撫し、快感を味わい、性的欲求を満たすのは健康なことであり、自然なことである。また、そうして自分のからだや性器の感覚、快・不快についてよくわかっている方が、メイク・ラブにおいてもより主体的になれるし、快感も得やすい。この意味で、女子にとってもセルフプレジャーは肯定的、積極的に考えてよいことである。

第4章

男子大学生は「男子の性」の講義をどう聞いたのか

1——講義を聞いた男子大学生の声

私は、第1章で紹介した「意外なデータ」を資料として学生に配りながら、「男子の性」について大学で講義をした。その中で森岡氏が書かれた文章の一部を引用したり、第2章に書いた内容を取り上げたりし、なぜ精液への不潔感が募るのか(精液とはいったい何なのか)、マスターベーションをセルフプレジャーと言い換えようとしたのはなぜなのか、その意味などを語る中で、私は男子が自分の性を見つめ直すことの重要性について語った。

そこで次に、その講義に対する男子学生の反応や声をまず紹介しつつ、あらためてその学習の必要性とその意味について、読者の皆さんに問いかけたいと思う。

そのためにもまず彼等の声をじっくり読んでいただきたい。

(1)もっと早く学んでいれば

A. 射精やマスターベーションに対して自分自身もよい印象をもっていませんでした。いつも繰り返すたびに空虚感、虚無感にかられることが多く、後悔の念にかられることもしばしばでした。しかし先生の講義を聞いて自分の性に対するネガティブイメージをもつことは相手の性に対する優しさの不足に通じると知り、納得しました。あらためて自分の性を見直し、正面から考え、今までのイメージを払拭することができたらと思います。

B. 今日の授業を聞いて今まで自分が感じていた後ろめたさがパッと晴れた気がしました。自分は今まで親どころか弟、友だちともそういう性に関する話をしたことがありませんでした。興味をもち始めたのは中一か中二の頃だったと思いますが、そのことを何となく後ろめたく感じ、ひた隠しにしてきました。今日の授業で、自分が性に関することをマイナスの方向でとらえてしまっているんだと思いました。いきなり変わるのは難しいと思いますが、性は正しい知識をもてば素晴らしいことなんだという意識をもてるような気がします。

C. 「男の体は汚いもの」という認識はとても多くの人に共有されていると思う。自分も夢精は不快な経験として覚えているし、体毛や男の性器は汚いなどネガティブなイメージをもっている。しなくても済むなら射精はしたくないし、性欲自体なくなった方が都合いいと思う。しかしこうした男の、自分の体に対するイメージが女性を尊重しない暴力的性行為につながるということには驚いた。確かに自分を大切にできなければ、相手を大切にすることは難しいと思う。男のこうしたネガティブなイメージは最初の精通から徐々に形成されたもので、払拭することは難しいと思う。自分も完全に肯定的になれるとは思わない。

D．確かに男の性器とは汚いものととらえがちである。実際僕も自分の精液を汚いものと思うし、下着とかにつくと、ものすごく嫌な気分になっていた。でも今回の授業を受けて考えが変わった。そもそも自分が汚いと思っているものをパートナーにさわってもらうというのは変なことであると思う。これからは意識を変えて自分の性に向き合っていきたい。

E．男の性という視点からの授業、とっても面白かったです。もっとも印象的だったのが森岡さんの「男の体は汚い」という文章で、とても共感することができました。中学生で精通があったとき、とにかく罪悪感と恐怖で軽くパニックになったことを覚えています。結局誰にも相談せず、下着は捨てたりしたのですが、心のどこかにトラウマのような形で残っているように思います。男性の性について、もっと早く、もっと詳しく教育を行なうべきだと感じました。

まず、五人の学生が書いたものを紹介した。ここに共通しているのは、大学生になって初めてまともに男の性について学んだと言っていることである。講義終了前十分ぐらいの間に書くレスポンスペーパー（ショートレポートとも言うが）であるが、「――後ろめたさがパッと晴れた――」との表現に象徴されるように、射精とかマスターベーションがいかに暗いイメージとして刷り込まれていたかがよくわかる。もちろん、すべての学生とか大多数の学生がこうなのではなく、あえて私の方でピックアップしたものではある。それにしても、もっともっと早く、風通しのよい環境で自らの性に向き合わせたかったなぁと思う。

(2) 言い知れない罪悪感のようなもの

F. 今日は男性についての講義だったが、よく考えてみれば小中高で聞かなかった話でとても新鮮でした。正直自分も射精についてはあまり肯定的な考えをもつことができません。射精後のいわゆる「賢者タイム」がすごく嫌だからです。今日配られた森岡さんの文章にはすごく共感したし、他の男性の多くが同じように考えているのではないかと思います。それに精液の臭いが個人的にあまり好きではないのも肯定的に思えない理由の一つです。

G. 「男性」に焦点を当てた性教育は初めてで、非常に新鮮であった。一部男性の意識下で「男性の性は汚い」という観念があるのは非常に納得できた。特にマスターベーションを行なうときの言いしれない罪悪感は「きれいな体」である女性に対する羨望、関心をかきたてるのだと思う。しかし異性を「自分と異なる存在」とばかり認識していては男女間の距離を縮めることはできないと思う。

H. 私が最初に射精を体験したのは中三のときである。マスターベーションの知識自体はもっと前からあったが、先生もおっしゃった通り、気持ち悪い、汚いという感情から忌避感を覚えていた。しかし、保健の授業や先輩の話から、それは間違った認識であると思い直し、マスターベーションするに至った。そういう意味では、よい教育を受けたと言えるし、今では自分の性認識には愛着をもっている。

I．今日の授業は男性の性についてでしたが、自分自身、性器および精液は汚いと思っています。どうしても排泄物が通る場所は汚れているというイメージが拭えません（もちろん清潔にするようにしていますが）。犯す、暴《や》る、といった言葉を聞いて、真っ先に思いついたフレーズが「〇人切り」というものでした。当然のように用いられ、自身も受け入れていたそれらの表現が、男性に偏向したものだと指摘され、衝撃的でした。

J．私も「男性の身体は汚いもの」という感覚が何となくあります。男性器は醜く突き出たものであり、それを女性の体に差し込むという行為に「攻撃」する感じを覚えるからです。これからの講義を通じてそれを克服していきたいと思いました。

射精後のいわゆる「賢者タイム」、女性の読者はおわかりだろうか。男性特有のものなのか断定はできないが、男性は「あぁ、あれか」と、そして「賢者タイムね。なるほどうまく言ったもんだ」と思うのではないだろうか。あの空虚感・虚脱感……射精するまで思い詰めてきた性的空想、幻想……わいせつ画像や、ありもしない情景を描いた文章にあらぬことを思い浮かべて自分を興奮させ、そして射精……それとともに幻は消え失せ、画像を消し、本を閉じ……そして元の平静な、冷静な自分に戻って、「あぁ、また馬鹿なことをしてしまった」と悔やんだり、愛想をつかしたり、もうすまいと決意したりする……これが「賢者タイム」である。

言葉に出して語りあうことなどほとんどないはずなのに、男性にかなり共通している自分の性器や性への嫌悪感。セルフプレジャーと言うにはほど遠い罪悪感――読者の方たちはどんな思いで読まれているのだろうか。

しかも、中にはそうしたマイナスイメージがかなり固まっている男子もいるのである。

(3) 深い葛藤をくぐり抜けられるのか

K. 自分は授業で精通を習う前に起きたので混乱した。最初おもらしだと思った。恥ずかしくて母にも兄にも言えない。今でも性に関する話は一切話したことがない。マスターベーションについては森岡先生と同じく虚しいし、嫌悪、ときには自身が大嫌いになる。でも、する。ますます嫌いになる負の連鎖。今の自分は正直二次元にしか性的欲求を感じない。そうなったのは、今言われてみれば、自分の体、性器を汚いと思っているからかもしれないが、よくわからない。これは間違いなく歪んでいることだと思う。そのことへの嫌悪感。村瀬先生は「セルフプレジャー」とおっしゃったが、正直、何を今さらという感じである。今さら肯定的にとらえろと言われても正直ムリだと思う。それは他の人からみれば不幸でかわいそうなのだろうが、私も同じく、感じない男の、かなり進行した形なので何も感じない。

L. 男性の性について聞くことができてよかったです。私自身マスターベーションしてしまって悔いる時期もあったのですが、今は必要なことかな、とふっ切れています。しかし汚いというイメージがどうしても拭えず、今は性行為をするパートナーはいないのですが、仮に彼女ができても性行為はしたくないと考えています。というのは、好きな女性を汚してしまうというイメージがあるからです。今回のような授業で性器に関してもう少しポジティブになることができたらいいなと思います。

M. 「男の体は汚い」というイメージは私にもありました。もともと体の線が細く、色白、童顔と中性的容姿をもつ私ですが、例外なく私にも二次性徴があらわれてきて、陰毛など体毛が濃くなることや体臭が強くなる、射精することに嫌悪感を抱いていました。中学生になってマスターベーションするようになりましたが、事後には強い後悔と、してしまう自分に嫌気がさしていました。私はマッチョではなく、逆に中性的（あるいは女性的）でありたいと思い、体毛を抜いたり、中性的な服装をしたりしていました。したがって（自分が女性であるという自我は目覚めなかったものの）男性のマッチョ化にも強い嫌悪感を抱いていました。しかし今のパートナーと出会って、そうした悩みも打ち明けられる信頼関係を築き、そのパートナーが、あなたの体はそんなに汚らしいものではない、と諭してくれたり、自分のありのままを受け入れてくれたことによって、パートナーに深い愛情を感じるとともに、自分の体の嫌悪感も以前より解消されたと思います。自分の性のことについて話し合い、向き合ってくれるパートナーに出会えたことを非常に嬉しく思います。

性は本能である、という考え方は今でも根強くある。特に、「男の性本能は理性を超えていて抑制できないものである。だから、レイプもあるし買春もするし……それが男というもの……」などと思う人には、ここに書かれた男子大学生の声はどう聞こえるのだろうか。その人の性の意識や性行動は、育ち、学習、体験、やがては人生観、人間観などによって形成されるものである。その過程でその人に刻印されたものは、一人ひとり違いはあるが強烈で、Kさんは私が使った「セルフプレジャー」という言葉にも、「なにを今さら」と反応している。もっと早く、この言葉とこの言葉のイメージするものに出会っていればなぁと残念に思った。もっとも、著者の森岡氏自身、自分のセクシュアリティをふり返りつつ、その成り立ちや問題を整理され、「脱・感じない男」への取り組みをされているわけで(注)、そのことも含めてKさんにはわかってもらいたい。それから、学校で教わったり、先輩の話を聞いてホッとしたりして立ち直れたとの記述もあって幾分救われた。このような教育を意識的に進めることが求められているとつくづく思う。

また、懐深いパートナーとの出会いによって、生きる意欲を回復しつつあるMさんの文章には胸が熱くなった。この意味で、女子に対する「男子の性」の学習も不可欠であることを再認識したい（男子への「女子の性」学習も当然のこととして）。

〈注〉森岡氏はその後『決定版 感じない男』（ちくま文庫）を出版されたが、その中で前著出版以後のご自身のセクシュアリティについての意識の変化を綴っておられる。

(4) 学んでいればこそ、学べばこそ

N.「マスターベーション」が「手で汚す」という意味をもつことを知り、僕はとても驚いた。今までどうして誰もこのことを教えてくれなかったのかと憤りを感じる。自分はマスターベーションを汚いものと考えてしまいます。理由は授業で先生が取り上げていたものとほとんど同様です。自分の欲望のために、あの白い液体を出していると考えると、どうしても罪悪感が湧いてしまいます。

O.「男の体は汚いのでは」という思いは小学校高学年の頃から何となく感じていましたが表立って話したりすることがなかったので、今回とても刺激的でした。実際自分が精通（マスターベーションでした）を経験したとき、とても恥ずかしい気持ち、それこそ自分の体は汚らわしいものという気持ちになり、父親にも相談できませんでした。幸い友人と話す中で「皆、同じなんだ」と思えたこと、軽くですが高校の保健の授業で習っていたこともあり、今ではそれほど「汚い」という印象は強くありませんが、自分の体のネガティブイメージが払拭されたわけではありません。今回の授業で月経教育と射精教育ということが言われたのを受けて、将来、自分に男の子ができたとき、親として、特にマスターベーションについて「マスターベーション」「手淫」などという言葉ではなく「セルフ

プレジャー」というイメージで教えてあげられたら理想的だな、と感じました。

P. 私の精通はマスターベーションでだったと思います。初めての射精のときは本当にびっくりしました。病気かと思いました。家族や友人にも相談できませんでした。しばらくして保健体育の教科書で射精について知り、不安は少し解消されましたが、中学生の頃の私は「自分は普通ではないのではないか」「悪いことをしているのではないか」というネガティブイメージをもっていました。高校、大学生になっていくうちに、友人と話すことも多くなり、自分と同じような悩みをもっている人もいて、初めてネガティブなイメージが解消されていきました。今になってふり返ると「どうしてあんなことに悩んでいたんだ」と思うこともたくさんありました。小学生、中学生のときに自分が正しい性の知識をもっと学校の授業などで得ることができていたら、また友人と相談することができていたら、悩む必要もないことに悩むこともなく、今よりももっと自分の性に自信をもつことができていたと思います。

Q. 「自分に自信のない人間ほど厚化粧する」という表現には非常に感銘を受けた。強がることの裏返しとしての自分の臆病さをうまくあらわしてると思った。また「自分の欲望ぐらい自分で管理できるようでなければ、大人とは言えない」というのも的を射た言葉だと思った。男性の性教育は、女性以上になされていないので、非常に役立った。もっと学校でも教育を行なうべきだ。

R．今日の授業は本当に受けてよかったと思いました。自分の性、体について否定的な感情を抱いている人が少なくないと知って驚いたと同時に、どこか安心しました。私も正直に言うと自分の性欲が汚らわしいと思ってしまっています。なぜマスターベーションしてしまうのかと嫌になるし、またそのようなことから、自分が人を好きになるのも、もしかして単なる自分の性欲のあらわれではないのか、もしかしたら相手を性の対象としか見ていないのでは、と思ってしまって、否定的な感情に陥って悩んでいます。今日の授業を受けて、性や体について考え直してみようと思います。なお、最初のマスターベーションは中学に入った頃だったと思います。やり方もよくわからず、精液が出てきたことにすごくびっくりしたのは記憶にあります。

S．私自身は射精に対してまったく嫌なイメージがなく、ほとんどの男子も、ごく自然なものととらえているものだと思っていたので、配付資料の統計結果には非常に驚いた。新しいいのちを育むための大切な性器や身体に対してネガティブなイメージをもつのは、すごくさびしいこと、もったいないことだと思う。ヒトの性器はただ生殖のための性行為をするだけのものではないのだから、男性も女性も、もっと尊いものととらえるべきではないのだろうか。

学校教育での「性」が軽視されている現状では、より一層、家庭教育が大切にされなければならないのでは、と思った。

私が初めて射精を経験したのは、マスターベーションのときです（おそらく小六ぐらい）。白濁した液体が出たときは、正直「やっと大人に近づいたんだ」という感覚ですごく嬉しかったことを覚えています。

T．僕も先生と同じように、自分の身体を「汚い」と感じたことはなく、マスターベーションも一種の性欲の発露の手段として肯定的にとらえていました。そのために先生の言う「SELF PLEASURE」「SELF CONTROL」といった表現はとても的確だと思いました。しかし高校時代の友だちの中には確かにムリして自分の性の経験を話していたと思える人もいて、先生の授業を受けた今からふり返れば彼も「男」を「つくろう」としていたのかなぁと思いました。

SさんやTさんがどんな教育を受けて育ったのか、学校であるいは家庭で。この文章から詳しいことは読み取れないが、このように喜びをもって精通を迎えることができたとはっきり書ける男子は稀であった。多くの男子学生は複雑な思いで精通を経験し、人の話を聞いたり、学校の授業によって次第に受け入れていく。その受け入れ方も積極的、肯定的というよりは、男とは「こんなもの」、セックスって「そんなもの」というような形をとることが多いようである。男子学生の文章から私はそう感じ取った。そして、具体的に性欲との葛藤が始まる小学校高学年から中学生年代、特に中学生男子への射精・セルフプレジャーに関する性の学習の重要性について、あらためて注目すべきだと強く思うのである。

2―「男子の性について」の講演を聞いた男子高校生（一年）の声

縁あって高校生に「男子の性」について話す機会を得た。大学のように一連の流れの中で語るのではなく、五〇分一回きりの講演である。その学校は性教育に熱心に取り組んでいて、生徒たちには性について学ぶ姿勢はできているのだが、「男子の性」にテーマを絞って話を聞くのは初めてとのことだった。私は、自分が何故「性」について学び、研究しようと思ったかという経緯を紹介しながら、短い時間ではあったが、射精やセルフプレジャーなどをどう受けとめていったらいいか、ときには大学生の声を取り上げながら話した。

その講演を聞いた高校一年生の声を一〇人分ほど紹介する。男子が自らの性について学ぶ意味をあらためて感じ取って下されば幸いである。

A. 今回男性の性のことを聞いて、納得できることがありました。先生の言っていた通り、自分は射精のことを汚いと思っていました。しかし話を聞いて、汚くないんだということがわかりました。私は、男性は性を恥ずかしいものだと思い込んでしまい、全然勉強をしないために性犯罪が多いのだと思います。このことを勉強できてよかったです。男性はもっと性について学ぶべきだと思います。セックスのことも、相手の気持ちをちゃんと受けとめることが大切だと思いました。

B．こういう話をもっと早く知りたかったです。今日の講演を聞いて、マスターベーションやセックス、包茎のことをもっと真剣に考えていきたいと思いました。生きていく上で性の勉強は大事なんだと思いました。特に男性はもっと性のことを真剣に考えるべきだと思いました。これからも勉強していこうと思いました。

C．まさに俺（男）が悩んでいることをドンピシャでアドバイスしてくれた感じで、すごいためになったし悩みが減ってよかった。わかりやすかったし、知らないことが知れて本当によかった。わざわざこの学校に来て下さってありがとうございます！
村瀬さんのおかげで嫌だと思っていたマスターベーションが性の健康とか、大切なことだと知ってすごい気が楽になりました。

あと、女の人についてももっと勉強しようと思います。本当にありがとうございました。

D．性器は汚ならしいものだと思っていたけれどそうではないことを知った。今までは何でマスターベーションをしてしまうんだろうと思っていたけれど、恥ずかしいことではないんだと思った。これまでの自分の考えが間違っていることに、この講演で気づいた。あらためて考え直したい。授業でも知れないことを知れてよかった。

E.とてもためになる話でした。人には聞けないことや知らなかったことをズバズバ話してくれてとても勉強になりました。あらためて自分の性を見直すことができました。今までのイメージを払拭することができたと思います。とても面白く、とても大切な授業だと思いました。今日はありがとうございました。

F.今日は男子の性について詳しく教えて下さりありがとうございました。今日の講演で僕の中の射精やマスターベーションに対する印象ががらりと変わりました。また機会があれば村瀬さんの話を聞いてみたいです。

G.今回の男子の性という講演を受けてとてもためになったのでよかったと思いました。また五人に一人が射精を汚いとか恥ずかしいと思っているのにはとても驚きました。精子の白色が果糖というものの結晶の色だということや、精液のネバネバは精子を守るためということなど初めて知ることがたくさんありました。マスターベーションの意味が手で汚すという意味だったとは知らなかったのでとても驚きました。今回の講演を聞かなかったら知ることがなかったので、知れてよかったです。

H.すごくためになったと思います。実際知らなかったことがとても多かったし、自分だけか、と思っていたことがそうではないことに驚きました。

村瀬さんの体験を通して話してくれたり、高校生のアンケート結果をデータで示してくれてわかりやすく親近感が湧きました。

とても素晴らしかったです。


―・普段、質問できないことや男友達とかにも聞けないようなことが聞けてとても為になりました。あと、自分の思っていたことの多くは偏見とか、ただの先入観なんだなと思いました。

このような、めったに聞けない講演を聞くことができてとても有意義だったと思います。


―・時間を割いてまでこの学校に来て下さってありがとうございました。

僕はマスターベーションのあとにいつも虚しさを感じていたので、それが体にとって、健康にとっていいとわかってホッとしました。

すごい身近なことでわからなかったけれど話を聞いて悩みが減ってホッとしました。今後女性とセックスするときはちゃんとゴムをつけて避妊しようと思いました。

女性の体については、相手の気持ちになって発言など注意していこうと思いました。これから講演のことをちゃんと実行に移していきます!!。

第5章

女子大学生は「男子の性」の講義をどう聞いたのか

❖講義を聞いた女子大学生の声

男子にくらべると、女子の方が性について学ぶ機会は圧倒的に多い。とりわけ月経学習を中心にして妊娠、出産、いのちについては小学校・中学校・高校と繰り返し学ぶ。しかし、「男子の性」についてどうかと言えば、これはほとんど扱われることがないため、無知、無理解なまま育っていくというのが現状であろう。しかし、人間の性関係が男と女との間で成り立つ（異性愛の場合）ものと考えれば、互いに相手の性への無知、無理解をそのままにしておいて「柔らかな関係」づくりは期待できないと思う。この意味から、私は女子学生にも「男子の性」について大学で講義した。その内容は男子学生にしたものとほぼ同様である。次に、この講義を聞いた女子学生の声を読み取ってもらいたい。

(1) 「男子の性」について学んで感じる親しみ

A. 今回の講義を受けて、やはり日本の性教育は偏っているな、と思いました。私は月経については学習しましたが、男性の射精についてはほとんど学習しませんでした。私は月経が来るたびに、女をやめたくなり、男性がうらやましい！と思っていましたが、男性には男性なりの苦悩があるんですね。まったく知りませんでした。

私も正直、森岡さんと同じく、自分の性を受け入れきれていません。月経は痛く、汚く、立ち上がれないときもありました。「月経痛で休む」のは恥ずかしく、甘えだと言う人もいるし、何よりも自分が今月経だと知られるのが恥ずかしいと思っていたからです。

しかし今回の講義で「自分の性」を少し見直してみようと思いました。月経は汚くない、という先生の言葉にとても安心しました。それを受けとめ「女」という自分の性を少しずつ認めていきたいと思います。そして自分で自分を、性欲を含めて管理してこそ成熟した大人だ、という先生の意見はもっともだと思います。なんだかマスターベーションへの意識が、マイナスから一気にプラスになった感じがします。

この考えがもっと浸透していったら、性という勉強についても「恥ずかしい」というマイナスなものから「必要だ」というプラスのものにどんどんなっていくんじゃないかなぁと思いました。また彼ができたときには、そういったことを含めて理解してあげたいなと思いました。ありがとうございました。

B．男の子の性の目覚めについて、こんな風に勉強したことはなかったので、この講義はとても衝撃的でした。何で読んだか忘れてしまいましたが、「女の子の初潮は驚きと不快をもって迎えられるが、男の子の精通は快楽をもって迎えられる。だから男性は性に対して積極的なのだ」という文があり、納得していましたが、今日の講義を聞いて、それは偏った意見なのだと思いました。女の子は教育を受けていても月経は不快です。しかしそれが続くのは月に一週間ほどです。でも男の子は教育も少なく、さらにほぼ毎日の問題なのだと思うと、どれだけ不安で嫌になるだろう、と思います。もちろんそんな風に思わない人もいると思いますが。

私の彼氏も以前「高校のとき、性欲が強すぎて嫌になった」と言っていました。さらに「マスターベーションのし過ぎでED気味になった」と言っていたことがあり、私にはその関連性がよくわからなかったのですが、今日の資料に、夢精を避けるためのマスターベーション、その後湧き上がる後悔、と書いてあり、やっと彼が言っていたことの意味がわかるような気がしました。

もっと彼の話を聞いて、男性の性について知りたいと思ったし、今日の講義の内容を彼にも教えて彼の性を受け入れていきたいと思いました。

C. 今日の授業を聞いて思ったことは、私も初めて男性の射精や性器を見たときは、気持ち悪い、汚いと思いました。何回もセックスしていくうちに慣れてきたので今は大丈夫ですが、最初のうちはこわいし気持ち悪くて男性の性器を見るのも嫌だったです。

それと同様に、私は自分の性器も汚いと思っていたし、相手の男性に見られるのがとても嫌でした。ですが、今日、先生の授業を聞いて、そういう気持ちのままでいてはいけないと思ったし、お互いのそういうところまで好きになれるようになりたいと思いました。

D. 今日は男性の性についての講義でとても興味深かったです。男性が自分の体や性についてどう考えているのか、本音の部分がよくわからないので今日のような講義をたくさんしてほしいです！
また、今日、精液が汚いということが出てきましたが、私はまったくそうは思いません（ただし好きな人のに限るのですが……）。むしろ愛しいというか、かわいいというか、そういう肯定的な意見をもっています。なので男性は自分の性について否定的にならなくていい、と思いました。
が、疑問に思うのは、なぜ男性は射精のあとにネガティブな気持ちになるのか、ということです。

E. 私は今まで婦人科に行ったことがなく、考えたこともなかったけど、これからちゃんと、いい病院を見つけようと思いました。今日の講義で男性にも性の悩みがたくさんあることを知りました。今まで、あまり悩みがないと、勝手に思っていました。女性だけ毎月月経があって大変なのは不公平！と思っていました。
でも、今日、男性にもいろいろ悩みがあるのだと知って、親しみを感じました。

月経のつらさ、うっとうしさ（もちろんこれにも個人差が大きいことは承知した上で）を経験し続ける女子にしてみれば、「男は楽でいい」とか「不公平だ」と思うのも無理ないことであろう。しかし、実際に男子の性について学んだり、男子が書いた文章を読んだりすることで思い違いに気づき、またそれに気づくことでEさんのように、むしろ男子の性に「親しみを感じた」とあるのは嬉しいことである。こうして、やがて互いの大変さに心づかいしあうことができるようになったら、それは二人にとって何よりもよいことだと思う。

それにしても、Bさんが書いている「初潮＝驚き・不快、精通＝快楽」という、実に単純な決めつけ、しかも互いの間に理解し難い溝をつくるような発言（あるいは記述）は、やめにしなければならない。いろいろな男子、女子、人間がいるのであるから。

それから、これもBさんのレポートにあるのだが、女子の月経は一週間ほど、それにくらべて男子の射精はほぼ毎日だとすると――という言い方は面白いというかなるほどと思わされた。ただ、女子の場合は、排卵後に始まるいわゆる黄体期（黄体ホルモンの分泌が高まることに伴いがちな体調の変化――これも個人差が大きいが）、さらに黄体期の後半から月経に至るまでの月経前症候群（ＰＭＳ）などを考えたら、これまた男子の比ではないはずであるが。

それから、Ｄさんが書いているように「そんなに否定的にならなくていい」と男子に向かって言ってくれているのは救いである。男子は、もっと正直に、率直に自分の気持ち、不安を女子に伝えていけばいい。偉ぶったり、怒鳴ったり、不機嫌そうに黙りこくったりしないで。Ｄさんはまた、第４章の男子学生の声の中にあった「賢者タイム」のことを書いている。「射精のあとにネガティブになるのはなぜ？」と。

このことについて、すべての男子が同じではないことを前提として言うのであるが、一般的に、男子は「頭でセックスする」、つまり、セルフプレジャーの場合、特にいろいろな想像、妄想、ファンタジーによって性的興奮をかき立てていく傾向（というか習慣というか）がある。これは男子だけではなく、セルフプレジャーという性行為であれば、女子もおおよそ似ているのであろう。ただ、性的興奮をあらわすグラフなどを見ると、男子の場合、ピークからの下降が急激であるために、余韻に浸る間もなく平静な状態に戻ってしまう傾向が強いので「賢者タイム」に襲われることになりやすいと言えそうである。それがネガティブになるのか、「あぁよかった」というポジティブな気持ちをゆっくり味わっていられるのかどうかは、セルフプレジャーについての考え方やそこに至る動機・環境とも絡んで一様ではないと思う。

女子もセルフプレジャーの後の時間を賢者タイムとして自覚することがあるのかどうか。あるいは、性的快感の余韻を楽しみながら時を過ごすのであろうか。女子のレスポンスの中にもいくつか賢者タイムに共感するものがあったことも含め、そこにも大きな個人差があるのであろう、ととりあえず書いておく。

(2) 自分の性を肯定できないと、相手の性も肯定しにくいという考え

F. 中学生だった頃、周りの男の子たちは、エッチな本やサイトを見て楽しんでいました。普段から何かと「エロい」ことに言及したがっていたし、女子である私たちからすると、馬鹿みたいでした。

でも、この森岡さんの話を読んで、男の子にも悩みがあったのかもなぁと思いました。これは私

個人の考えですが、男の子がマスターベーションすることに対し「汚らわしい」とか「気持ち悪い」とは感じないです。「普通のことなんだな」と考えています。大好きなバンドマンが、自分の中学生時代のマスターベーションについて書いているのを読んで、むしろ健全なのだと思いました。恥じ入ることはないです。

マスターベーションをセルフプレジャーと言い換えて自分の性の管理を、という先生の考えは素晴らしいと思います。ただ、性欲が高まったからといって「ちょっとフェラしてよ」とか言われるのは、たとえ彼氏でも非常に不快です。管理という概念を中学生などにも、きちんと教えるべきです！

G. 今日のお話の中で、女性の月経、男性の射精が汚らわしいもの、恥ずかしいものと思っている人もいる、というのがありましたが私も先生の話を聞くまではそういう考えの一人でした。先生がおっしゃっていた通り、小中高すべてで女子トイレにある三角コーナー？は「汚物入れ」と呼ばれていました。母からも、「ナプキンは汚いから自分で捨てなさい」と言われてきました。私の嫌悪感はこのように構築されました。性器に関してもそうで、やはり汚いものというイメージを強くもっていました。ですが先生の授業を聞いて、そのイメージが払拭されつつあります。もっと早く聞きたかったです。せめて中学生ぐらいには。

H. 私の彼氏は私とするまで性行為をしたことがなかった（俗に言う童貞）ので、マスターベーションでの射精に慣れていました。その際、より激しい快感を求めて、性器を握る力をどんどん強めてマスターベーションしていたそうです。そのため、私とのセックスの際、私の膣の締め付けでオーガズムに達するのに時間がかかりました。高校生男子の握力、しかも射精をめざしているときの力やピストン運動に慣れてしまっているペニスは、膣の締め付けと腰の運動での快感では、感じにくくなってしまうと彼は言っていました。これも男性向けの性教育が甘い、足りないせいで、自分流のマスターベーションをしていたせいではないでしょうか。

私の友人には、イクときに性器を畳に押しつけることをしていたので、いまだに女性とのセックスではイケないという人がいます。

男性にとってセルフプレジャーは至極健康的で、当たり前のことなので、正しい知識として学ぶべきだと思います。女性が生理とつきあうよりもずっと長い時間、男性は射精とつきあっていかなくてはならないのに、男の性に対する教育が甘い、むしろされていない場合もあるというのは、どう考えてもおかしいと感じます!!!

また、経血を汚物と言うのはやはり変だと思います。経血がついた性器や下着を洗わないのは、不衛生という意味で「汚い」のは事実ですが、それは生理のときでなくても同じです。きれいなものではないと思いますが、わざわざ「汚物」と表現することはないはずです。

┃．「自分の性を肯定できないと、相手の性も肯定しにくい」という考えは、今までの私にはありませんでした。昔から、母には「自分の下着は自分で洗いなさい。汚いんだから」と言われていたので、自分の性器をきれいだとか、美しいだとか肯定的に思ったこともありませんでした。

しかし今回の授業で、今までの自分の性に対する考え方に新たな選択肢が増えたような気がします。月経、射精を恥ずかしいものと考える学生が、私が思っていた以上に少ないことに驚きました。と同時に、今まで月経、射精に対して少なからず後ろめたさを感じていた自分が、なんだか恥ずかしいというか、馬鹿らしく思えてきました。

これからは自分の性に対して、もっと肯定的に考えていきたいと思います。

「男子に自分の性の学びを」ということで講義した内容を女子学生がどう聞いたのかということだが、一言で言うと「とても積極的に受けとめている」と感じた。私はこの章の冒頭に、「女子学生にも」教えておいた方が、という書き方をしたが彼女たちの文章を読んで、これは女子学生にとって、彼女たちとそのパートナーとの関係の改善にとってとても大切な学習内容なのではないかと、むしろ彼女たちから教えられた気がしている。彼女たちは男子の性について、単なる好奇心を超えてもっと知りたいし、これまでどうして知らないままできたのだろうか、もっと知ればもっといい関係がつくれるだろうと叫んでいるのである。男の性の教育が甘い！、どう考えてもこれはおかしいという意見には「！」が三つもつけられていることにその気持ちがあらわされている。男子の性的な無知、無理解は女子にとって大きな迷惑だという怒りさえ表現されていると思った。

ところでもう一つ、女子学生のレスポンスを読んでいて強く思ったことに、「汚ない」とか「汚物入れ」という表現に対する指摘がある。この、「汚物入れ」については私が講義の中で次のように話したことに端を発している。

「何故に、わざわざ汚物入れと書いたものをトイレに置くのか」「サニタリーボックスでもエチケットボックスでも、あるいは『生理用品入れ』でもよいものを」などと私は言った。実際に、子どもの頃から性や性器に関することは不浄視、不潔視され、月経になるとき、なったときに一層それは強化される。「生理で汚れた下着」「生理用品は汚物」――ちなみに男子には「精液で汚れたパンツ」という意識が育てられていくのである。

このようにして、女の子には、そして男の子にも、性や性器に関することは「汚ないもの」という負のイメージが刷り込まれていく。これは、人間の性にとって、その人の生涯にとって大きな不幸の一つなのではないだろうか。しかも、決して小さくはない不幸の。

女子学生の中に「そうだ、その通りだ」という反応があったし、「指摘されて目が覚めた」というものもいくつもあった。もっとも、「そんなにいちいち神経質になる必要はないと思う。汚ないものは汚ないのだから」という声があったことも紹介しておきたい。

その上で、あえて私は性教育として月経や射精を取り上げるとき、あるいは親が子どもに性について語るときには、「月経血がついた下着」「精液がついたパンツ」と言うようにしてほしいと思う。そして、それは汗がついたシャツと同じように洗うことを伝えてほしいと思う。そして、学校などでは「汚物入れ」の名称〈注1〉を使わないでほしい。

排泄物がついたものをそのままにしておくのはよろしくないし、エチケットに反することである。しかも、性にかかわることは特別にプライベートなことであるから、他人に見せたり、見られるような形で取り扱うべきではないということがきちんと伝えられればいいのではないだろうか。

このこととかかわって、もう一つ言っておきたいのは、女子の月経時の入浴についてである。私の講義に対するレスポンスを読んでいて、今でも「月経のときはお風呂に入らないように」と言われたり、「入るとしても仕舞湯《しまいゆ》に」と言われている大学生が結構いることに気づいた。月経不浄論はなくなっていないのである。

私は、月経時を少しでも楽に過ごすために、ぬるめのお湯にゆっくり浸かることを勧めている。経血量がウンと多い人は、一〜二日はシャワーでということもあるだろうが、通常、お湯の中で月経血が出ることはまずないわけで、また、もしも洗い場に月経血が出たらお湯で洗い流しておけばよいわけで、からだを休めるにはゆったりとお湯に浸かることが何よりであること、しかも、前の人たちが入った仕舞湯ではなく、初めのお湯がいいということを伝えている。このことは、PTAや母親学級などでの講演でも話している。こうしたことも、月経に対する価値観や、女子のからだ観を育む上で重要なのではないだろうか。

Hさんが指摘していることは前章で私もふれているが、Hさんがどんな経過でこのような知識と理解を身につけたのか興味深い。と同時に、男子たちが自分の性についてもっと深く知らなければならないと思う。

かつて、泌尿器科の岡田弘氏（帝京大学）と話しあいをしたとき[注2]、「近年、マスターベーションでは射精できるが膣内射精できない、いわゆる性不全の男性患者が増えている」と言われていたことを思い出した。その理由としてHさんが書いているように、強いグリップによったり、蒲団や畳に強く押しつけて射精する習慣がついてしまっていることが一つ。もう一つは、アダルトビデオ（今日ではインターネットのアダルトサイト）へのアディクト（依存）。つまり、強烈な刺激に慣れてしまうことと、自分のセクシュアル・ファンタジーへの固着が、長く続くマスターベーション体験を通じてできてしまっていて、相手との関係性のもとで性的な気分を紡ぎあっていくことができずに中途で興奮が冷め、萎えてしまうケースが多いことを挙げておられた。こうしたことは、第3章で紹介した白井将文氏の論稿も含め医学臨床の面からは繰り返し指摘されているのであるが、子どもに直接立ち向かう教育の世界ではまだその声はまともに取り上げられていない。それどころか、むしろマスターベーションについては取り扱わない傾向が強くなっているとしたら、逆に大いに問題だと言わなければならない。

Iさんは、「自分の性を肯定できないと相手の性も肯定しにくい」とのフレーズをまず紹介している。これは私の講義の核心の一つであり、男子の性に焦点を当てる本書の中心テーマの一つでもある。このことに関連して、女子の立場からも同じように確かな印象として受け取られたことを嬉しく感じた。性の問題は相互関係によるのであって、どちらかだけの問題では済まないのである。女子にもまた、自らの性を肯定する考え方、感じ方を身につけていってもらいたい。そうやって相互に肯定しあうことができれば、互いの性、性器、からだに対して親しみと愛着が芽生え、豊かなセクシュアル・コミュニケーションへの道が開かれていくに違いないと確信するからである。

〈注1〉新幹線のトイレには「サニタリーボックス」と書かれ、その下に sanitary napkin disposal とあった。日本語であらわすとすれば「生理用品入れ」となるが、それがよいと思う。

〈注2〉『SEXUALITY』№23所載の岡田氏との対談「男の性ってなかなか大変なんですね」参照。

第6章

男子の性被害の重さ

1——男子は性被害に遭わないのか

この章のテーマを見て、意外に思われた方がおられるのではないだろうか。「女子の性被害」ならわかるが、男子にも性被害があるのか、仮にあったとしてもわざわざ章を立てて論ずるほどのものなのかどうか、男子に対してはむしろ「性加害」について注意を促したり、指導したりすべきではないのか、と。おそらくこうした意見をもつ読者は少なくないと思われる。

確かに、男子の性加害について性教育として取り上げることが十分行なわれていないのは問題である。被害に遭う（遭った）女子に対し注意するように指導したり、ときには被害を受けた当人（女子）にも何か問題や落ち度があったのではないかなどの、本末転倒の批判や非難の声が当たり前のように出される現状があることなど、取り組むべき課題としてはっきりある。とりわけ男子に対し、性加害が被害者（女子）にもたらす人権への侵害、人生そのものへの深刻な打撃などについて考えさせ、自ら手を縛る決意を促すような指導、教育が急がれている。

このことの重要性を前提としながら、ここでは、これまであまりというかほとんど問題視されてこなかった「男子の性被害」について提起しようと考えた。そして男子の性被害について考えることを通して、男子の性、人間の性をあらためて見つめ直していきたいと強く思う。なぜなら、長い期間かけてつくられてきたジェンダーとしての「男の性」への思い込み（能動的で、ときには暴力的な形をとるものとして、また積極的でパワフルでいつも抑え難い性欲──「狼」などになぞらえるような──をもつ存在としての「男」という）、刷り込みが広くあるために、「被害など受けるはずがない」「被害を受けるなど男としてあるまじきこと」と、社会も周囲の者も、そして本人自身も思い込んでいる。〈注1〉そのため、被害を受けても、その苦しみ、屈辱を訴えたりできず、また訴えたとしても共感されず（されないに違いないと思い込み）、自ら傷つき絶望したり、それが深い屈折となってこころを病んだりするのである。その屈折が源となって、より弱い者への攻撃行動に結び付くこともないとは言えない。こうした意味において、男子の性被害に大いに注目し「自分のからだや性に愛着を感じ、大切にする感覚や経験が、相手のからだや性を大切にする感覚、考え方を育むのではないか」ということを性の新しい教育課題として位置づけ、取り上げていくことが重要なのではないかと思い至った。

〈注1〉例えば、「強姦」（刑法一七七条）とは、「暴行又は脅迫を用いて十三歳以上の女子を姦淫した者は、強姦の罪とし、三年以上の有期懲役に処する……」とあって、男子の被害は対象とされていない。一七六条の「強制わいせつ」のところに、「十三歳以上の男女に対し、暴行又は脅迫を用いてわいせつな行為をした者は、六月以上十年以下の懲役に処する」とある（十三歳未満の者にした場合も同様である、と両条にある）。ここで言われる姦淫とは、男性性器による女性性器への挿入（インサート）だけを指していて、男性が被害を受けることは想定されていない。たとえ肛門に挿入されたとしても、無理やり、力づくで（男性を含む複数の加害者によって）挿入されたとしても強姦罪より罪の軽い強制わいせつ罪なのである。ここに男性と女性の性行動に対する固定的な意識が反映されているが、このような法的な位置づけ、意味づけも男子の性被害を「被害」として受けとめにくくさせている。

2——男の子の性を優しく見つめる、優しく育てる

男子の性被害問題、実はこれまでにもいろいろな形で取り上げられており、これに関する研究も著作物もいくつか出されている。しかし、ジェンダーへの偏見が根強くあるために、なかなか一般に広く受けとめられているとは言えないのが現状である。そこで、私はいくつかの研究や著作物を紹介する形をとりながら、この重大な課題について論述しようと考えた。

『男の子を性被害から守る本』、この本が日本語訳として出版されたのは二〇〇四年のことである。著者の三人はいずれも、マサチューセッツ州バークシャー郡のレイプ救援センターのスタッフで、そのうちの一人ロベルタ・ラッセル博士は、同センターの代表を務めている人物である。

この本の冒頭には、「次のことはみんなうそ」として次の五項目が示されている。

・虐待されるのは、女の子と女の人だけだろう
・相手の男性のプライベートな部分にさわったら、自分はホモだということだ
・君が虐待されたことは、みんな、君の顔を見ただけですぐわかってしまう
・性的虐待をする人は、いじわるで、ぼう力をふるう見知らぬ人で、へんなかっこうをしていて、夜、とつぜんおそってくる

・女性にさわられたのだったら、よかったじゃないかと、友だちに思われるかもしれない

そして、次の頁で「これがほんとうのこと」ということで、「男の子やおとなの男性も沢山、今までに性的虐待を受けてきた」（最初のうその答え）というように、一つひとつに答えている。四つめの、「性的虐待をする人は…」の答えは次の通りである。「性的に虐待される子どものほとんどは、自分の家で、近所の人とかベビーシッター、友だち、家族のだれか、またはその子がよく知っていて、しんらいしているような人から虐待を受ける」。学校の先生とは書いていないが、それも示唆していると思われる。また、「性的虐待の神話と真実」のところで、「性的虐待とは、セックスのことだけをさす」という神話に対し、「性的虐待というのは、のぞまない性的な接触、つまり、近親かん（家族のだれかとのセックス）、オーラルセックス（相手の性器に口をつけること）、アナルセックス（ペニスを相手のこうもんに入れること）、からだをなでたりさすったりすること、相手が自分の性器を見せること、そして子どもをポルノに出演させることなどすべてをふくむ」と具体的に示しているのである。

この本は六〇頁の、決して厚くないものであるが、「これなら君にもできる」の頁には、被害に遭うおそれがあったときにできることや被害に遭った人の経験、息子を救うために親はどうしたらいいかなど大切なことがとてもわかりやすく書いてあって役に立つ。

私はこの本が出されたとき、いち早く手に入れて傍線を引いたりしながら読んだが、いつの間

にか本棚の奥の方に行っていた。ここ一、二年、男子の性にあらためて光を当てる必要を強く感じ、ぜひこの本を紹介したいと思った。その本の最後の方に田上時子氏が解説を書いておられるが、その中から一節を引用させていただく。

――性的虐待についての最初の統計は、一九七四年の米国のデビット・フィンケルホーによるものでした。四年制大学の学生二〇〇〇人を対象にした調査で「女性の四人に一人、男性の一〇人に一人が子ども時代に性的虐待にあった経験がある」と回答しています。米国では次々に新しい数値が出ていますが、一九八七年の六〇〇〇人を対象にした調査では「女性の一五%、男性の五%が一六歳以前にレイプされたことがある」と回答しています。

私がいたカナダでは一九八四年、バジェリー報告という調査報告書が出ました。これは一九八一年から三年間かけて、ロビン・バジェリーという人が、一般住民を対象に性被害について調査したものです。結果は「女性の三人に一人、男性の四人に一人が過去に望まない性的活動をされたことがある」と回答しています。またこの回答のうち八〇%が「一八歳未満に起こった」ということがわかりました。カナダでもこの数字は衝撃的なものでした。これほどの高い数値が出るとは予想されていませんでした。性被害に関する社会的な沈黙が破られた時でもありました。

この調査でも被害者の五~一〇%が男性であることがわかりました。

残念ながら、私はこれまでわが国において男子への性暴力、性的虐待の実態を明らかにする大がかりな調査を見たことがなかったし、男子が性被害を受けることがあるという考え方自体、やっとここのところにきて一般的に知られ始めたと言ってもいいように思う。

野坂祐子氏は、このテーマについて継続して取り組んでおられる貴重な研究者のお一人である。その野坂氏がされた調査の結果を紹介してみよう。これは、日本性教育協会が出している、性科学ハンドブックvol.11『思春期の性衝動』という冊子に掲載されている、「思春期男子の性的発達」という論稿の中にあるものである。

まず、二〇〇四年に発表された高校生の性暴力被害率（次頁図3）（性的なからかい、嫌がらせなど言葉による被害からレイプまで幅広く性暴力被害をとらえている）を見ると、女子は学年が上がるにつれて七〇％近くまで被害体験をもっていることがわかるが、これまで性被害の対象として見られてこなかった男子も、学年が上がるにつれて被害体験は増加し、三年生になると三五％に達している。三五％という数字は多数とは言わないまでも、決して僅かという数値でもないであろう。ちなみに、性暴力の内容別被害率も示しておく（次頁表5）。

また、被害内容について見ると（八七頁図4）、言葉による暴力や、性器露出などの視覚的暴力が小・中学生期に多いのに対し、高校以後には強制的身体接触、レイプなどが多くなっていることがわかる。このような実態が、どうしてこれまで明るみに出されなかったのであろうか（と言うよりは、このように明るみに出されていたにもかかわらず、注目されなかった、注目してこ

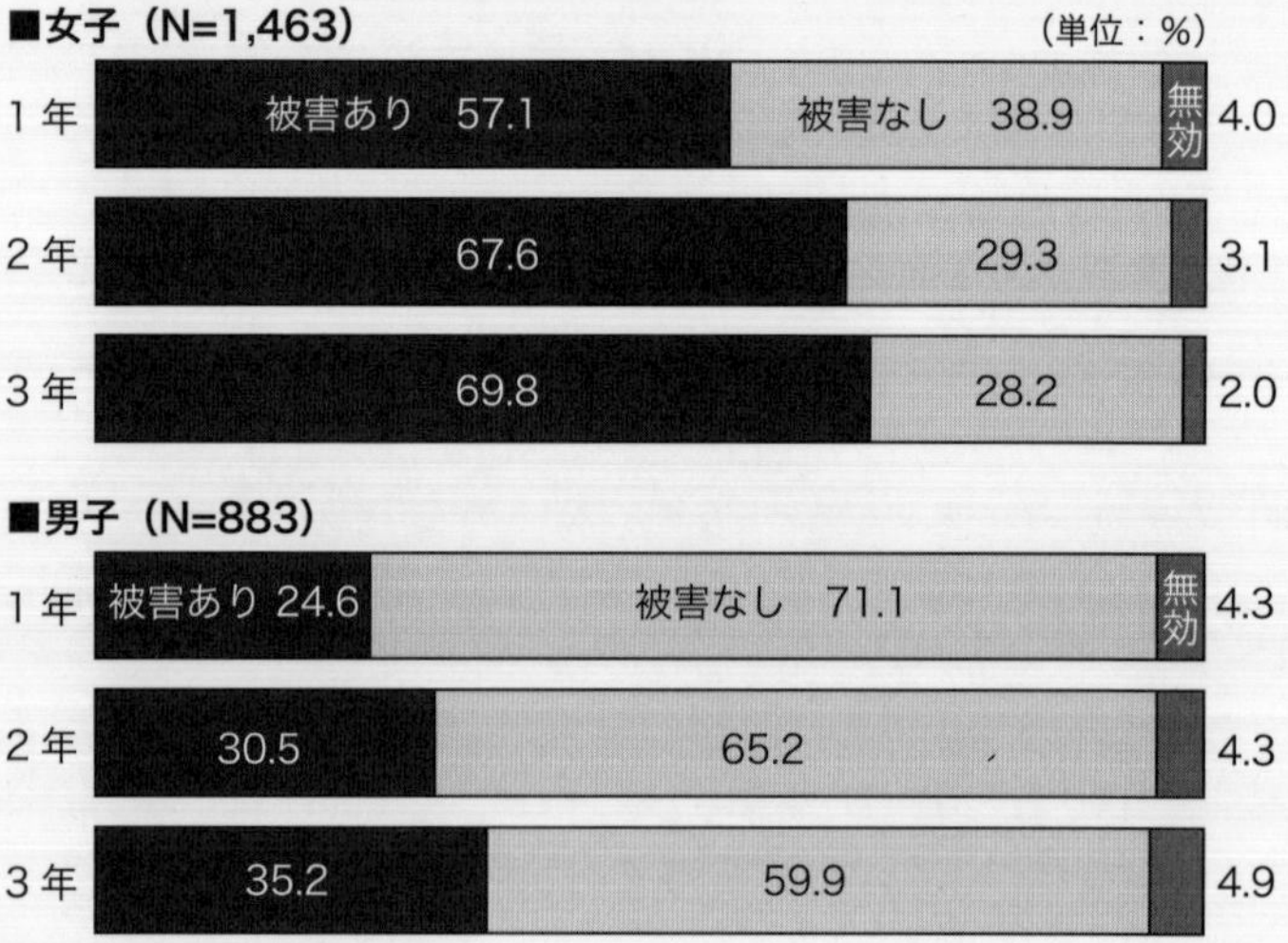

図3　高校生の性暴力被害率　（出典：野坂、2004）

表5　性暴力の内容別被害率　（「ある」の回答、単位：%）

被害項目	女子	男子
Q1　あなたの体について、からかわれたり、いやらしいことを言われたことがありますか	33.0	20.7
Q2　相手の裸や性器を、わざと見せられたことがありますか	35.1	12.7
Q3　無理やり、体を触られたり、抱きつかれたことがありますか	37.2	13.6
Q4　無理やり、セックスをされそうになったことがありますか	13.2	2.7
Q5　無理やり、セックスをされたことがありますか	5.3	1.5
Q6　携帯電話や、出会い系サイト、インターネットで性的にいやな体験をしたことがありますか	10.1	2.4

（出典：野坂、2004）

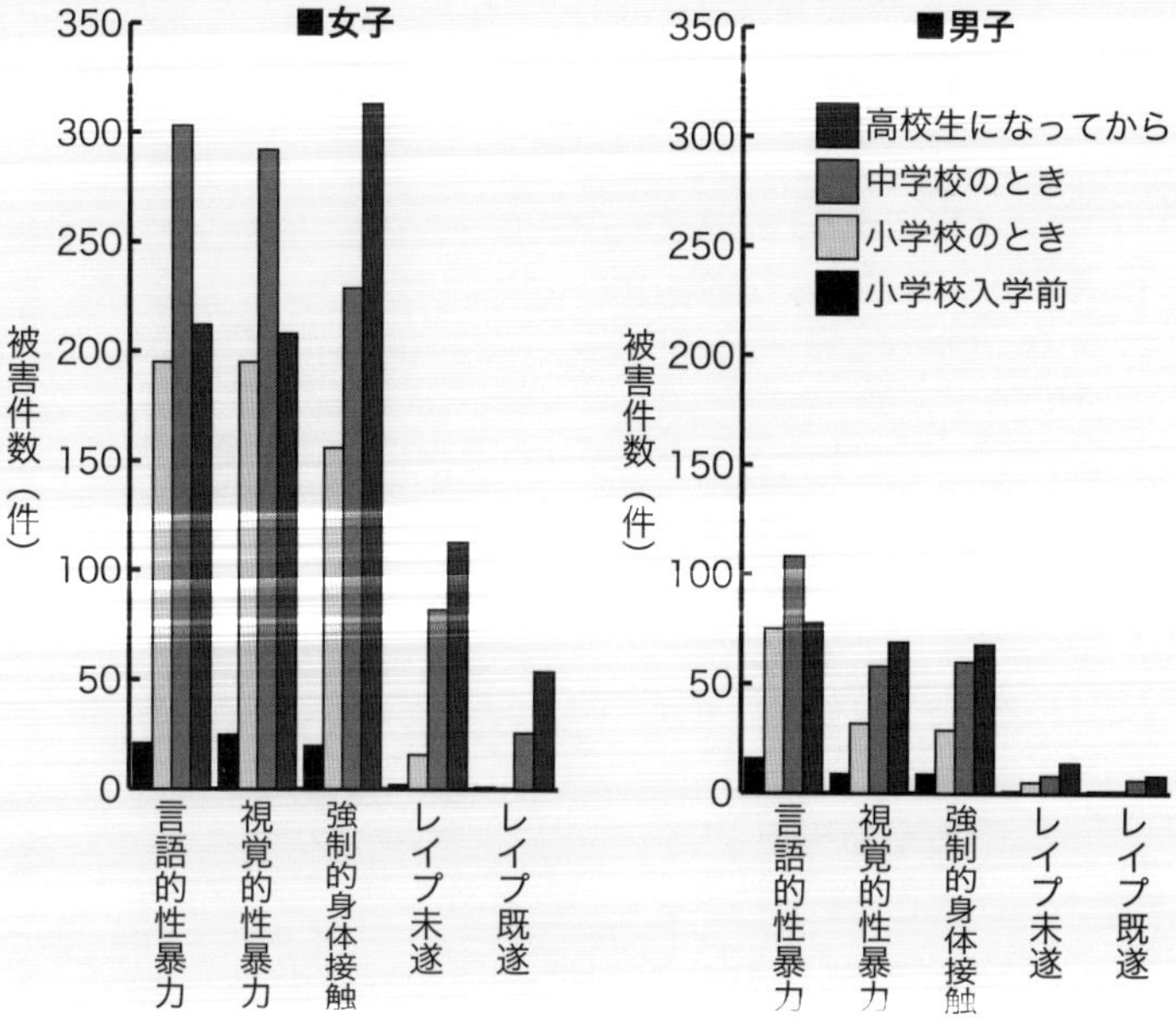

図4　高校生の性暴力被害件数（被害内容×時期）　（出典：野坂、2004）

- 感情が抑制された反応
- 怒りを外部に向ける
- 必要なケアを求めたり、通報することが少ない
- 身体的影響（寝られない・食べられない）
- 他者との親密な関係が築きにくい
- セクシュアリティの揺らぎ
- 男性性の誇張・誇示
- 自殺を考えたり、試みる
- アルコール乱用（依存）に陥りやすい
- 性的機能の障害

図5　男子（男性）に特徴的な影響　（出典：野坂、2004）

なかった、と言うべきか)。特に、「男子は性被害に遭うはずがない」などの先入観が一般的に強くあるため、被害を受けた本人の影響は複雑かつ深刻である。野坂氏は、「男子(男性)に特徴的な影響」として次の諸点を挙げ、自らの見解を示している(前頁図5)。

——つまり、女子はリストカットや摂食障害など、自分を傷つけたり痛める行動をとる方向に行きがちなのに対して、男性はモノを壊したり、他人を傷つけるという他害行動をとりやすい傾向があります。

——被害にあった男子の混乱や苦悩という面で見ると、最初は「被害にあったという事実を信じたくない」「なかったことにしたい」という否認が非常に強いのが一般的です。また、「どうして逃げられなかったのか」「どうして断らなかったのか」と、暴力から逃れられなかった自分自身を責め、罪悪感を持つことが多いです。それから、性暴力を受けた際、恐怖のほかに性的快感を得たような場合には、それに対して屈辱感や恥ずかしさを感じることがあります。例えば、勃起してしまったとか、射精に至ったということについて、強い屈辱感や自責感をもってしまうことがよくあります。自分を責める気持を抱いていると、ほかの人に相談することを躊躇してしまい、長年、一人でつらさを抱えてしまう場合が少なくありません。

また、その中で『自殺率』は男性の方が高いという結果がいくつか示されています」とも書かれているが、二〇一二年に大津市で起きた中学生の自殺(報道では「いじめによる」とあるが、どのようないじめであったのか、性的いじめすなわち性的虐待はどうだったのか、注目しなければならない）との関連も窺わせる、重要な指摘である。なぜなら、「男子は性被害に遭わない」という偏見、誤解は「性被害に遭ったとしても、女子のように深刻な影響はない、大したことではない」という議論に連動していくからである。

長年、男子への性的虐待について研究しておられる宮地尚子氏（一橋大学）によれば（講義資料）、Kesslerらの調査（一九九五年）として、レイプ被害後のＰＴＳＤ（心的外傷後ストレス障害）発症率は、女性四六％に対して、男性六五％（災害・事故などでは一〇％前後）と紹介しておられ、「特に長期、子どもの頃からの被害は、境界の喪失、親密な関係の障害、解離、性化行動、性機能障害、自殺や自己破壊的行為、依存症、他害などと関連」すると指摘している。

前項では、小さな子どもの頃の性被害を取り上げたが、性被害はその後、思春期、青年期においても起こり得る問題（現に起きている）であり、深刻な影響をもたらす可能性があることを強調しておかなければならない。また、子どもの性被害を引き起こすのは基本的に大人であり、その行為はセクシュアル・ハラスメント（セクハラ）であるのに対し、思春期以降の性加害者は、同年代の者、友だちであることが多い。これは、セクハラというよりは、いじめ、性的いじめ・性的虐待である。つまり、セクハラのように必ずしも両者の間に立場上の、身分の上での上下関係、権力関係が予めあるわけではない。例えば、同級生、仲間、友だち、周囲から見れば対等な（？）関係であると思われる二人、ないし数人の間での虐待である。それ故に、しばしば「遊び」

「いたずら」「悪ふざけ」「からかい」という範疇で扱われることが多い。この問題については、また後の項であらためて取り上げることにしよう。

ところで、男子の性被害に関して、松本俊彦氏（国立精神・神経医療研究センター）から次のような発言を聞いた（『SEXUALITY』No.53所載）。松本氏は少年鑑別所や少年院に入所している少年たちの指導にもかかわっておられる。

――少年鑑別所とか少年院とか、あるいは成人の刑務所の男性の凶悪犯の人達で、前から気になっているのが、男の子の性被害の問題です。性犯罪や薬物とか他の粗暴犯の中には性被害の経験者がいる。しかし、それが言えない、男だから。男の子の場合には加害者が男性の場合も女性の場合もあって、自分のセクシュアリティに対して混乱したり、苦しんだりする。男性が怖いのに自分が男であることを強く意識し、マッチョ的なあり方にこだわっていつも体鍛えたりなんかします。また自傷や自殺行動の既往のある子になると人を信じないし、突然ブチ切れてものすごい暴れ方をするんです。その男の子たちが自分の被害体験を含めてカミングアウトしやすいような、そういう性教育ってできないのかなあと。僕はあまり性教育に詳しくないんだけど、自分が関わっている薬物や自傷行為の子たちの多くが性の問題を抱えているから、どうしてもその視点からの発言になっちゃうんだけど。男の子の性のことを取り上げられたらいいと思いますね。

実際に、複雑な問題を抱えたまま傷ついたり、傷つけたりして苦しみの中を生きている少年たちに直接かかわっている人の発言を私は重く受けとめた。そして、私は本書の第1章で書いているように、自らの性に対するまともな学習体験が得られず、自分の性の事実、成長、変化などに自信をもてないでいる男子について、次のように発言した。「自分の性器や体に対するポジティブイメージを持てないまま、ポルノ、AV（アダルトビデオ）、そしてネットの情報に突っ込まれる。そこから男の攻撃性とか、女性に対する、弱者に対する暴力や陵辱の問題につながっていくことになったり、本当にセックスが楽しいものと思えないというか、二人で心地よい関係を作り出していくというようなメンタリティとかセンスを作っていけないんじゃないかと思っています」それに対し松本氏は「僕、ちょっとその辺については詳しくないので何とも言えないんですけれど、性被害を受けた男の子たちの中には、すごく性に対してネガティブなイメージを持っている子が多いです」と応じられた。

3——遊び、いたずら、悪ふざけ、性的虐待について考える

小学生の頃、廊下に仰向けにした男の子の脚を広げ、その股間に足を当てて振動させる、いわゆる「電気アンマ」という遊びというか悪ふざけというか、そんなことをした人やされた人がいるのではないだろうか。自分はしなくとも、そうした光景を見た人は結構多いと思う。そのとき、

されている子の身になって「嫌だなあ」と不快に思った人もいて、中には「おい、そんなことやめろよ」と言った人もいるかもしれない。あるいは自分は直接やらなかったけれども、されている子を遠巻きにしてはやし立てたりした人がいるかもしれない。思い出してみてほしい。仰向けにされた子を取り囲んでワイワイやっていたときに先生が通りかかったが、先生は「おい、ふざけるのもいい加減にしておけよ」なんて言いながら通り過ぎて行ってしまったのではないか。

　もしも女の子がそんなことをされていたら、教室や廊下は大騒ぎになり、誰かが職員室に駆けて行って先生を呼んでくるだろう。やって来た先生も、大声で子どもたちを叱りつけただろう。そして、「あとで職員室に来なさい」と言われ、たっぷりとお説教をされたはずである。ところが、されているのが男の子の場合、する方もニヤニヤ笑っているし、されている当人も泣きわめいたりして先生に訴えられないのである。なぜなら「男」だから。こうして、その男子はもてあそばれ続けることになりかねない。

　「カンチョー（浣腸）遊び」〈注2〉も同様で、される子どもにしてみれば、いつ、誰からやられるか気になって落ち着いていられない。しかも、されたときに本気になって怒れば、「空気の読めない奴」として遊びの輪からはずされるのである。もっと直接的な性的いじめ・性的虐待には、ズボン下ろし、下着脱がし、性器をつかむ、いじる、舐めさせる、マスターベーションの強要などがあるが、これらの実態はなかなか明らかにされていない。しかし、実際には結構たくさんあって、その虐待の行き着く先に「自殺」がある。自殺などの事件になって初めて、虐待の事実が明らかになったりするのである。人間のからだすべてがプライバシーであるが、とりわけ性に関する部位や粘膜があるところ（口、胸、性器、尻）を本人の意に反する形でさわられたり、さわらせられたり、見られたり、見せられたりすることは甚だしく屈辱的である。それが拒否できない形で、しかも継続的に行なわれるとすれば、場合によっては「生きる」意欲そのものを削ぎ落とされることにもなりかねないのである。このことに性別の差はない。

『SEXUALITY』No.61は、「見落とさないで！『性的いじめ』」を特集した号である。その中に、武田さち子氏（NPO法人ジェントルハートプロジェクト理事）と、弁護士の井口博氏の論稿が掲載されているが、そこには数々の性的いじめの実態が紹介されている。詳しくは該当誌を読んでいただきたいのだが、その中からいくつか紹介しておこう。

武田氏は、中学校での性的いじめとして、特に男子の場合は先ほど記述したこと以外に、「トイレの便器に顔を突っ込んだり、尿を飲ませるなど、排泄行為や排泄物に関するものも少なくありません。こうしたいじめは強い屈辱感を与えます」とし、二〇一一年一一月、滋賀県の中学校で起きた事件を例に挙げている。その事件とは、「中学三年の男子生徒三人が同級生の男子に暴行を加えた上、全裸にさせ携帯電話で撮影。排泄物を用意させ、校内に駐車中の男性教諭の軽乗用車にすりつけるよう強要した」とある。さらに、「高校生、大学生では、いじめの嗜虐性がより強くなります」として、実際にあった例を紹介している。

また、井口氏の論稿は裁判になった事例を取り上げ、その中で性的いじめが自殺につながったと考えられるものとして、平成六年判決の中野区富士見町の事件（上半身を裸にして女子同級生の前で滑り台に寝そべらせた）、平成一四年判決の福岡の中学三年生の事件（ズボンのチャックを開けて、マスターベーションしながら性器にコンドームをつけさせた）などを取り上げている。この他に、先ほど少し取り上げた大津市の中学二年生のいじめによる自殺事件も、その中に執拗な性的いじめがあったことがわかっている。

森田ゆり氏の著書『子どもへの性的虐待』（岩波書店）の第五章は、「男子への性的虐待」となっていて示唆に富んだ記述が多くある。その中で特に考慮することの一つとして、性的虐待の被害者の行動を二つに大別し指摘されていることに注目したい。

――性的虐待とは被害者にとって自分の心と身体が他者によってコントロールされてしまった出来事だ。自分で自分をコントロールすることができなかった体験は、被害者に無力感をもたらす。この無力感は放置しておくと被害者の行動を、大別して二つの方向へと導くことになる。

――一つは、引きこもりやうつ状態、再び虐待されるような関係に身を置く、薬物やアルコール、ギャンブル、ポルノ、テレクラなどに依存しやすく、脅迫的な行動をとりやすく、仕事中毒、拒食や過食、自傷行為や自殺未遂といった、自分を痛め傷つける暴力行動を起こす。もう一つは、自分の外に攻撃の対象を求めて自分の意のままになる相手（動物、年少の子ども、優しい大人――ときにはカウンセラーやケースワーカー）へ暴力を振るう行動である。被害者は他者に暴力を振るうことで相手をコントロールする体験を得る。自分がコントロールされたことで奪われた力を、今度は自分が誰かをコントロールすることで取り戻そうとするのである。

この二つめの指摘にかかわることとして、性的虐待の加害者はかつて子ども時代に性的虐待の被害者だったのではないかと言われることがある。この点について森田氏の前掲書には次のように記述されていることを紹介しておこう。

――性的虐待加害者の中で、子ども時代に性的虐待の被害を受けていたのは二〇～三〇％だったという調査がある（Hans & Slater, 1991）。一〇代の性犯罪者の二〇～五〇％が身体的虐待の被害を受けており、四〇～八〇％が性的虐待の被害を受けている調査もある（Hunter and Becker, 1998）。

この問題に関するいくつもの国際レベルでの調査結果を概観した研究は、他の子どもに性的加害をする思春期の子どもで過去に性的虐待を受けていたのは半数以下（一七～四七％）と報告している。別の調査は性的加害をした子どもの約半分が以前に性的被害を受けており、ほぼ全員がＤＶ（ドメスティック・バイオレンス）の家庭環境に育っていたことを報告している。

他の子どもに性的加害をする子どもは、性的虐待被害経験の有無にかかわらず、子どもが、発達に見合わない身体的、性的、心理的暴力またはセックスの刺激にさらされていると考えるほうが正確である。

この記述は極めて重要な指摘だと思う。子どものすることだからといって性的加害、被害を曖昧にしたまま見過ごすことは、そのときの両者の問題としてだけでなく、その後の暴力の広がりにつながる可能性があることを私たちは肝に銘じなければならない。

ところで、セクソロジーの講義を学生に続けている中で、私が男子への性的虐待に強く関心をもつきっかけになったのは、『少年への性的虐待』(リチャード・B・ガードナー著、宮地尚子ほか訳、作品社)という本であった。これは五〇〇頁近い大著であるが、実際にあった性被害体験の克明な記述や治療者とのやりとり、その分析等々、胸が重くなる思いで読み進めた。宮地氏によれば、「日本において、本書は男性への性暴力に関する初めての専門書」とあったが、確かに力のこもった、実に読み応えのある本であった。また、「『男性への性暴力』から見えてくるもの」、という「訳者解説にかえて」にも示唆に富む記述がたくさんあった。ここでは、本文の中にある「少年の性被害をめぐる神話」の項の中身を紹介しておこう。

——少年や成人男性への性的虐待については偏見が満ちている。これらの神話のうちよく聞くものを、以下に挙げてみよう。

- 男性は性的に虐待されることなどない。
- 女性は性的虐待をしない。
- 性的虐待はいつも明白な形をとる。

- 性的虐待を受けた少年はゲイになる。
- 性的虐待を受けた少年のほとんどが、大人になると自分も性的虐待をするようになる。
- 加害者は自分が虐待をしていることにいつも気づいている。
- 少年を性的に弄ぶ男性加害者は、自分が同性愛者であると考えており、性的関心は男性に向いている。
- 虐待を受け入れてしまったら、その人は女々しいか、弱虫である。
- 暴力が使われない限り、子どもたちは虐待にノーと必ず言える。拒否しなかったのなら、虐待が起きることを望んでいたに違いない。
- 性的興奮を覚えたのであれば、少年は虐待に加害者と同じくらい参加したことになる。

これらの神話はいずれも、性的虐待を受けた少年たちや男性たちの周りにはびこって、耐え難い問いをつきつけたり、深い恥辱感を植え付ける。しかし、これらの中に正しいものは一つとしてない。他の偏見と同様、これらはすべて、少年の性被害者研究の積み重ねによって反証されているのである。

すでに読者の方々にとっては了解済みだと思うが、ここに示された神話＝偏見についていくつか補足的な見解を示しておきたい。

「女性は性的虐待をしない」ということについて――『少年への性的虐待』の中には、数多くの女性からの虐待の体験者の声が取り上げられている。にもかかわらず、こうした偏見が根強くあるのは、「虐待」というと暴力的・強制的というように、身体的・物理的圧力がイメージされるからではないだろうか。もちろん、中には数をたのんでの暴力を伴うものもないわけではないが、「密やかな近親姦」「情緒的近親姦」という表現に見られるように、年齢や立場の優位性を背景にして、「誘惑」という形をとりつつ少年を性的に悪用（sexual misuse）する虐待があるのである。森田氏の前掲書によれば、「国際レベルの調査では男子への性的虐待の加害者の六〜八割は男性であると報告されている。女性から性的虐待を受ける男子が少なからずいることは看過できない事実」とし、フィンケルホーらの調査（一九九〇年）による、男子の性的虐待被害者の八三％が男性からの被害という報告や、リサックらの調査報告（一九九六年）では、男子の性的虐待被害者の六一％は男性から、二八％が女性から、一一％がどちらからも被害を受けたことがあるとの結果を示している。この、女性による虐待は先ほどの「神話」の最後の項目とかかわって、少年をより深い混乱に陥れる。それは、「年上の女とセックスできてラッキーだった」という周りの眼、声があり（それがロマンスとして語られたり、映像表現されることもある）、自分の不安や苦しみが受け入れられにくいからである。また、自分が望んでいなかったにもかかわらず、性的に興奮したり、実際に快感を感じたりすることがあることも混乱、葛藤を増幅させることになる。近年、各地の電話相談の受け手の方々の研修に招かれることが多いのだが、受け手の方々からの質問を聞くと、母親あるいは知りあいの年上女性からの性的アプローチに悩んでいる少年からの相談が結構多くあることがわかる。その電話がすべて事実であるとは言えないにせよ、実際にあり得ることと言わねばならない。そして、その関係をどう断ち切るかは、少年の現在と未来にとっての重要課題であることは間違いない。

神話＝偏見に関してもう一つ指摘しておくべきことに、少年への性的虐待を同性愛行為と結び付ける問題がある。この点についてはっきりさせておくべきこととして、「性的虐待」とは、年齢、立場等の優位性をベースにして相手を性的に支配し、自らの歪んだ欲求を満たそうとする「暴力」であって、互いの愛着や信頼をベースとしたエロティックな行為ではまったくないということである。したがって、性的被害を受けたからといってその少年（被害者）が同性愛者であるとか、同性愛者になるということもない。このことに関する混乱や不安が、被害を訴えたり相談したりすることの大きな障害になっているとすれば、機会あるごとにはっきりと語っていかなければならない。

さて、この項を『少年への性的虐待』の訳者解説にあった、宮地氏の次の文章で締めくくろう。

――フロイトは、女性のセクシュアリティは最後に残された暗黒大陸だ、と言ったが、二一世紀に入った現在、男性のセクシュアリティこそ、おそらく最後に残された暗黒大陸である。そして男性への性暴力を分析することは、この暗黒大陸に光を当てるためのおそらく最短の道である。

〈注2〉背後から肛門に向けて指を突っ込む（もちろんズボンの上からだが）悪ふざけ、実は性的虐待。

4――二八五〇人の女性、一四四人の男性の性被害

この数字、何だと思われるだろうか。実は、これは小林美佳氏のホームページに寄せられた（二〇〇八年四月～二〇一〇年八月）、性暴力被害の経験者の数である。

小林氏は、『性犯罪被害にあうということ』『性犯罪被害とたたかうということ』（いずれも朝日新聞出版）の著者である。二〇〇〇年八月、性暴力被害に遭い、その後ご自身の苦しい体験を名前と顔を出して告白、二〇〇八年に前掲の書籍を出版された。私自身、何度かお会いしたり、研究会でお話をしていただいたり、大学での講義の中でご著書を取り上げ学生たちに性暴力について考えさせたりしている。ここでは、彼女自身のことやその被害について論ずるのではなく（ぜひとも前述の二冊のご著書はお読みいただきたい）、出版した彼女のところに届いた激励、共感、訴え（ホームページ「みかつき」へのメール）の内訳を紹介しようと考えたのである。

それによると、「被害経験者二九九四人（分析や公表を望まない人は除いた、とある）のうち、警察に届けた人は四%、病院が三%、どこにも届け出ていない人八五%、そのうち誰にも話していない人が五八%、あとは親、友人、恋人など。加害者は『知らない人』と『顔見知り』が半々。『顔見知り』で一番多いのは職場関係一六%、次いで親一三%、きょうだい一一%。母親が加害者の場合もあり、継続的な被害を受けている人たちが、少なからずいた」（『Asahi Shimbun

Weekly AERA』二〇一〇年一一月二二日号より、河原理子記者）とあった。こうした数字の一つひとつに、性暴力被害がいかに身近に、深刻に、しかも統計にあらわされるものよりもはるかに多く存在するかあらためて考えさせられる。中でも一四四人の「男性のメールの多くは『信じてもらえないかもしれませんが』と前置きがあった。どれほど話しにくかったことか」と小林氏は書いている。小林氏はこうした取り組みについて、どうしても社会に「性暴力の実態をきちんと知らせる」、そのためにみんなの声が必要だったと記している。被害を受けとめ、支える諸機関、施設、グループ、人びとの存在を広め、知らせることも大事だが、被害に遭ったことを話せる、話していいのだという考え方に教育を含めてすべての子どもたち、人びとの意識を切り換えていく努力がどうしても欠かせないと思う。もちろん、少年、男子、男性に対してもである。誰だって、暴力をふるわれるのは嫌であるし恐ろしい。それに、なぜ自分がそんな目に遭わなければならないのか、しかも、なぜ男だから暴力に耐えなければならないのか、いじめ、性的いじめ、性的虐待に遭った男の子たちの嘆きに共感したい。そのためにも、親や教師、大人たちは男の子への性的いじめ、性加害を無視、軽視しないでほしい。そして、そんな理不尽な出来事に抗議し、やめさせる反暴力の気風とネットワークを学校の中につくり出すにはどうしたらいいのか。それには、まずそうした教育が必要である。性教育はこの点においてもその重要な柱の一つであろう。

生まれつき暴力好きな子どもはまずいない。暴力に親近感をもつ子どもがいたら、それは育ち、体験、学習の中で身につけたとしか考えられないが、その問題のポイントは「ジェンダーの刷り込み」である。大人たちが刷り込んだ、「お前、男だろう」「それでも男か！」「もっと男らしくしろ！」と、寄ってたかって「男」に仕立て上げようとしたその男らしさの歪みの象徴が、「暴力」である。女らしさが「抑圧と従順」だとすれば、それに抵抗することが自己解放につながる故に、女子・女性たちは抑圧と従順をはねのける行動ができた。それが人権の回復と一致するからである。しかし、男らしさは「激励と賞賛」のメッセージと重なって表現されるために、男子・男性たちはそれをはねのけることができないできた。そして、際限のない「激励」の前に打ちひしがれてきたのだと思う。しかし、「男」に対する激励と賞賛の裏側には、「女」に対する優越性と差別心が潜んでいたことは、今日、明白である。このことをはっきりと認識して、性のさまざまな課題に立ち向かわなければならないと思う。柔らかな関係づくりの基盤をここに据えることが重要である。

暴力をふるわれた男子に、「それでも男か」とか「頑張れ！」とか、中には「男だったらやり返せ！」などと仕返しを勧めるような発言はダメである。その子の悔しさを受けとめ、共感し、「それは君のせいではない」「ノーとはっきり言い続けることこそが真の勇気である」と伝え続け、親として教師として問題解決に向けて行動すること。それは、暴力をふるわれた子の人生にとって重大な問題であることをあらためて認識しなければならない。

第7章

柔らかな関係づくりと性的自己肯定感

――快楽の性を見つめ直す――

これまで私は、自分の性を肯定する考え方(性的自己肯定感)をもつことが、相手の性を尊重しつつ二人の間に「柔らかな関係」をつくっていく力を身につける上で欠かせないのではないか、と述べてきた。そして、自分の性を肯定する上で、からだや性器への愛着をベースにした、セルフプレジャーも含めた性の自己管理力をもつことの重要性についても記してきた。また、前章では自分の性・相手の性への愛着や信頼を切り裂く性加害、性被害について、特に男子の性被害に焦点を当てて考えた。

これらのことを前提にして、この章では「自分と相手の性を尊重し、柔らかくかかわっていく力=柔らかな関係づくり」について述べてみたい。セルフプレジャーを「自体愛」としてとらえ、メイク・ラブを「相互愛」として考えることはすでに述べたが、その後者のメイク・ラブ=相互愛につながる、セクシュアル・コミュニケーションのための感性と能力についてである。

1──性の三つのあり方について

(1) 生殖としての性

人間の性には、多くの他の動物とは違って複雑な意味、側面、要素がある。一つは、「生殖としての性」である。この「生殖」については、生きものとして生き続けるために不可欠であるが、人間の場合、産む、産まないも選択の対象にできるし、あるいは、生殖を望んでいてもそれが不可能な（不妊と言う）ケースもある。また、同性愛という性愛はそれ自体、生殖とは無縁である。もっとも、性交そのものも、する、しないは自分で決めることであり、性交しない選択をして生きる人は昔もいたし、今もいる。この意味において、性交、生殖、出産は、すべての人が本能として同じように自覚したり表現したりするものではない。とはいえ、人間の性を総体として考えるとき、「生殖としての性」が重要な意味をもつものであることは間違いない。

(2) 快楽としての性

次に、私は「快楽としての性」を挙げたい。すでに第3章において、セルフプレジャーという表現で快楽の性を積極的に肯定するとともに、性の主体者として自己の性的欲求を自己管理する、その筋道の中で「性の健康」という観点からも評価してきた。しかし、ここで言う「快楽としての性」とは、セルフプレジャーとしてでなく相手とのコミュニケーション、相互交流として歓びを分かちあうという「快楽」を意味して使うことをまず断っておきたい。

その快楽の意味するものの一つは、「身体的・生理的快楽」である。そしてもう一つは、「精神的・心理的快楽」であるが、本章のポイントの一つに、この快楽の性のとらえ直しをしたいという目的がある。なぜなら、従来、一般に性の快楽と言うと、身体的・生理的なそれに絞って語られ、しかもオーガズム（性的な絶頂感）のあるなしにこだわる性の考え方と重ねて論じられてきた。もちろん、オーガズムのあるなしは性において重要な問題の一つである。しかし、オーガズム自体を目的とするのであれば、「セルフプレジャー」と表現しているように、自分だけで獲得できるのである。実際、男子で言うなら中学生の頃から、人によっては頻繁にそうした快楽を得てきたであろうし、女子の場合、相手との性行為よりもセルフプレジャーの方が確実にオーガズムを味わうことができると言ってよいであろう。

とすると、相手との性行為でしか満たすことができないものとは何か。それは交流、コミュニケーションである。言葉・会話による感情の交流、ハグや愛撫によるふれあう交流・安心感・一体感――これらを精神的・心理的快感、快楽と考えるとしたら、快楽としての性のイメージは一挙に広がるし、その快楽と身体的・生理的快楽が重なるとなれば、何ものにも代え難い深い愉悦を味わいあうことになるだろう。もちろん、このことはすべて互いに望みあえばということであって、いつもそうでなければならないとか、そうでないと不完全であるとかいうわけでは決してない。二人の希望によって、多種多様なバリエーション（変化）があるのは当然である。二人の状況や関係によって、こころの快楽で終わってもよいし、ときにはからだの快楽をストレートに求めあうことがあってもよいだろう。自分の願いを伝えたり、相手の希望を聞き出したり、それに対してときには応じたり、ときには先延ばしにしたり、そうしたコミュニケーションを通じて快楽を分かちあうことである――ただし、この実現のためには、互いに自分のからだや性器に対する不潔視や卑しいものとする見方から抜け出ている必要がある（徐々に徐々に、互いの信頼感の深まりとともにということでもあるが）。

(3) 支配としての性

さて、三つめの性のあり方に「支配としての性」を挙げておきたい。「支配」という言葉は、相手を自分と対等の存在と認識せず、自分の言いなりにさせようとする意味をもっている。権力によって、腕力によって、経済力によって、しかもそうした「力」をむき出しにせず、ときには「愛」という名によって。その「力」によって支配できていると思っているうちは穏やかだが、相手が言いなりにならなくなれば突然に、あるいは徐々に暴力が始まり、暴力が始まることでそれが脅しになり、二人の関係は明白な支配＝服従に変わっていく。

快楽の性も、二人の関係から対等性、相互性が失われた途端に支配の性にずれ込んでいくのである。その意味において、快楽の性と支配の性は紙一重の差とも言えるだろう。

レイプはもとより、さまざまな暴力、強制、DV、ストーカー行為、さらには若い年代のデートDVなど、それらは性の本質のあらわれなのではなく、その根幹には歴史的につくられたジェンダーの偏見があると言えよう。とりわけ性の世界に引き寄せて考えると、「セックスは男がしかけるもの」とか「快楽は男のもの」とする固定観念が根強くあり、それが関係性の悪化に拍車をかけている。さらに、その関係性の悪化を増幅させるものに、AVやインターネットのアダルトサイトをはじめとする性情報があり、その影響力は極めて大きいと言わなければならない。

このように、支配の性は「快楽」の仮面をかぶりながら、性情報などを通じて人びとの意識の中に浸透し続けてきたし、それは現在も続いているのである。

2——「快楽の性」への歩み

前項では快楽としての性を、身体的・生理的な快感（からだの快感）と精神的・心理的な快感（こころの快感）の二つに分けて考えてみた。しかし言うまでもないことだが、からだとこころは別物ではなく、どこまでが「からだ」でどこからが「こころ」というように線引きなどできるものではない。にもかかわらずあえてそうしたのは、セルフプレジャーで味わう快楽と、セクシュアル・コミュニケーションを通して味わう快楽の違いをどう考えたらいいか指摘しておく必要があると考えたからである。

そのことについて断った上で、まずセクシュアル・コミュニケーションに欠かせない「ふれあい」について考えてみたい。

(1) ふれあいの始まり

人は、母体から離れてこの世に生まれ出る。初めての別離である。温かい羊水の中で生きてきた胎児が、子宮頸管や産道で圧迫され続け、やっとの思いで誕生する――産声は肺呼吸に切り換った証明だが、それは喜びというよりも、いかに苦しいときを過ごしたかを知らせる訴えのようにも思われる。あるいは、母体の中とは温度が十何℃も低い分娩室で生み出された驚きや恐怖も加わっているのだろうか。

しかし、生まれたばかりの新生児は、助産師に受け取られ、母親の胸に抱き取られてやがて泣きやむ。この世で最初のハグ――大きな手に、温かい胸にしっかりと包まれ、抱かれる安心感――私は、そこにホッとする癒しにつながる快感・快楽のスタート、原点があるのではないかと考えている。

かつては、出産の後すぐに産湯に浸からせてからだや髪を洗うために、母親から離すことが普通に行なわれていたが、近年では「カンガルーケア」と言って、しばらくそのまま母親の胸に抱かれたままにしておくことがあると言う。この考え方は、やがて養育の場面に移っても「タッチング・ケア」と言われるように、全身に優しくふれる時間を意識的にとるようなケアが勧められている。このふれあいが頻繁にあることが、子どものからだ、こころの成長に有為であるとされている。皮膚は、全身に広がるこころの所在地なのである。

子どもはそれから後、もっとも身近な養育者とのふれあいを通して、生きていることの自信と安心のこころを育てていく。ここであえて「母親」としなかったのは、さまざまな家庭事情のもとで、実の母親とともに暮らさない、暮らせない子どもたちがいるし、増えているという現実があるからである。大切なのは、その子どもに親身にかかわってくれる養育者の存在であり、その人との相互交流を通して「愛着」の感情〈注〉、感性が育っていく。つまり人から大切にされる体験を積み重ねることによって、人を大切にする力が育っていくということである。

逆に幼児、小児、少年・少女の時代に放置、冷遇、虐待など、負の体験を積み重ねつつ生きることは、その人のコミュニケーションの力や人間を見る眼、さらには性のあり方に重大な影響をもたらしかねないのである。もちろん、人間はその死に至るまで発達可能な存在であり、いかなる負の体験もそれを修正し、よりよきものに切り換えることは可能ではあるが、でき得ればそれは少ない方がいいに違いない。

〈注〉タッチングする人、養育者がいればいいというだけではない。たとえいたとしても、日替わりのように替わっていくのでは安心を伴う愛着のこころは育ちにくい。

(2)育ちの中でのふれあいの広がり

さて、親から離れた子どもは誰に近づくのか、それは友だちである。それも、同性の友だちである場合が多い。なぜなら、同じ性を生きる人間として生理的・心理的に共通性を感じやすいために、安心して自己を表現しやすいからである。そして、自分を率直に表現できたり、コミュニケーションしあえたりする友だちがいると、こころがとても安定して生きていける。そうした心おきなくつきあえる相手、互いの気持ちを思ったり、心づかいしたり、楽しい話に笑いあったり、ときには夜遅くまで語りあったり、共通の趣味に興じたり、相手の楽しみにつきあったりする経験は、恋愛の予行演習と言ってよいかもしれない。実際に、同性同士であれこころを許しあえば、腕を組んだり、抱きあったり、手を握りあったりするであろう。特に女子の場合は、この過程で自らの性別を意識し、同じ性別同士による集団形成を志向する傾向があらわれる。そこからいわゆる仲間はずれ、仲間はずしやいじめが派生しやすくなるのだが、このいじめの心理も単純ではない。ここはいじめ論を論ずるところではないが、いじめる子は、しばしば本人もいじめられてきた経験があったり、現在も他の誰か（年齢を問わない）にいじめられていることもあったりして、いわば被害の腹いせによる加害行為という面があることを見逃してはならない。自らの存在が大切にされている実感をもって育っている子どもは、他の子どもたちに苦痛を与えることをよしとしないと言ってよいのではないだろうか。

また、この時期の子どもたちの中に、自らの性別について違和感を抱き、日常生活に適応しづらい反応をする者がいることを忘れてはならない。近年、そうした子どもに対し、予め定められた性別に無理にでも押し込もうとするのではなく、その子どものもつ違和感に、行政の側も丁寧に対応しようとし始めていることは喜ばしいことと言えよう。親や教師など、周りの大人たちの柔軟な対応が一層強く求められる。

さらに、性別に対し強く意識し始めるにつれて、男らしいとか女らしい、あるいは男のくせに、女のくせに、などと決まりきったステレオタイプ的ジェンダー観に基づいて、からかったり、誹謗・中傷したりすることが顕わになってきがちである。そして、そのことがまた容姿、容貌に対するからかいと重なっていじめの原因をつくることになる。大人たちにはこうした問題を見逃さず、丁寧な説明や話しあいなどを通じて、子どもたちにジェンダー平等の考え方を培うよう努力することが求められると思う。思春期の子どもたちにとって、その時期に性について何をどのように学んだのか、どのような体験をしたのか、自分のからだや性がどのように扱われたのかは、その子どもの将来にとても大きな影響を及ぼす可能性が大きい。それは、この時期（初経・精通から始まり、十八歳、大人に至る数年間）に、自らを性的な存在として意識し、生きる意欲や気持ちの昂ぶりを経験する一方で、自分自身への不信感、コンプレックス、人生への不安、親や友人との葛藤などに見まわれやすいからである。もっとも、そのあらわれ方には大きな個人差がある。よく、思春期は「疾風怒濤の時代」と言われたりするが、必ずしもそうばかりではない。そのあらわれ方、過ごし方も決まりきっておらず、多様であることも理解しておきたい。

3――性的親密性の深まり

さて、母から、親から、あるいは身近な養育者から離れて同性の友だちへ近づいた子どもたちは、やがて多くの場合、異性とのラブ・タッチングへと関心や欲求が移っていくが、忘れてならないのは、その相手は相互に選びあうということである。もっとも、親子関係を選ぶわけにはいかない。しかし、また、親子であればどんな場合でも濃密なタッチングがあるわけではない。「相性」とは便利な言葉であるが、確かに親子にも「相性」というものはありそうである。まして友人、さらには恋人となれば互いに選び、選ばれるという相互確認を通じて「親密性」（intimacy）

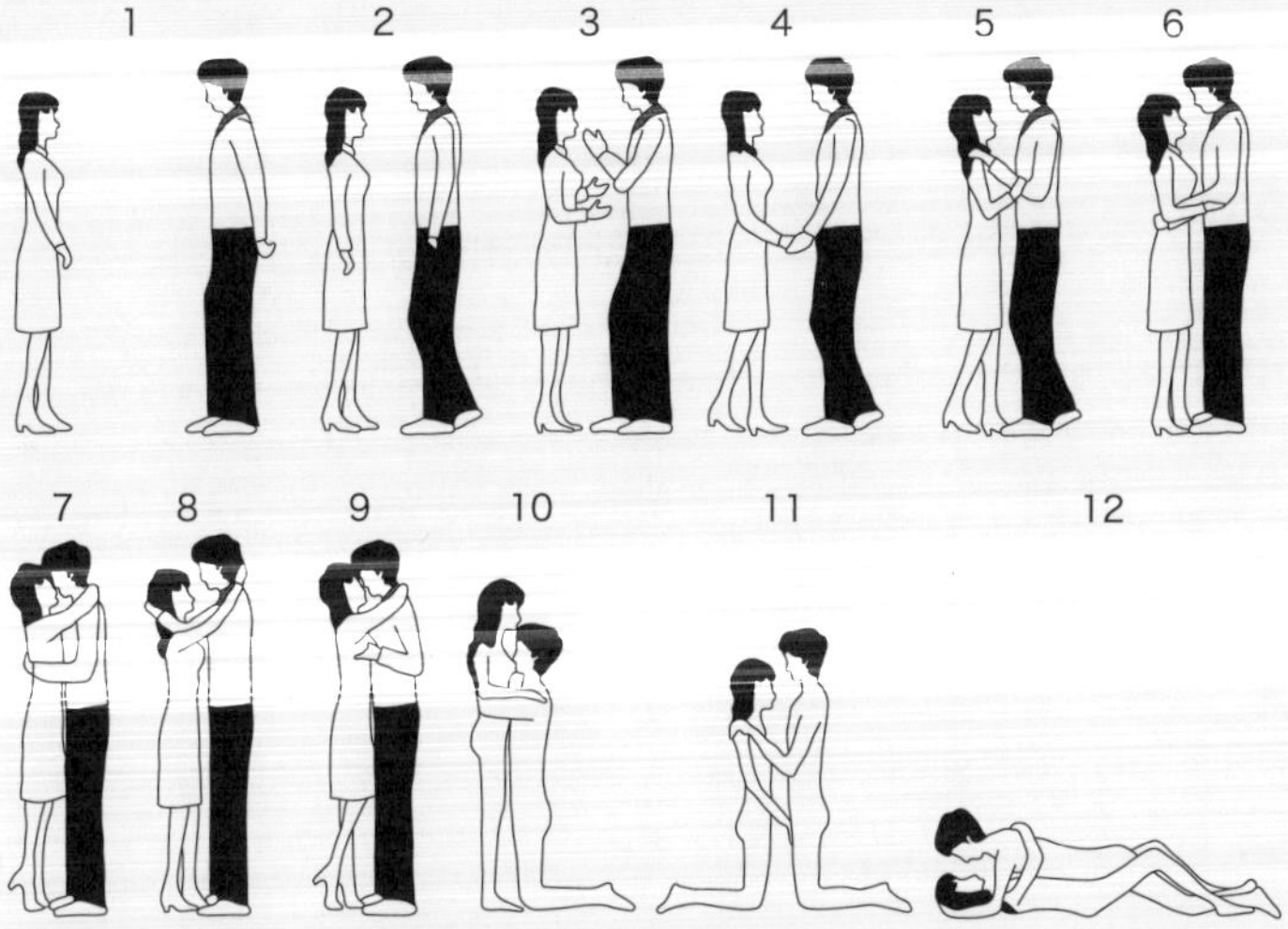

1．目から身体、2．目から目、3．声から声、4．手から手、5腕から肩、6．腕から腰、7．口から口、8．手から頭、9．手から身体、10口から胸、11．手から性器、12．性器から性器

（ダイアグラム・グループ編集『Sex』鎌倉書房を参考に作図）

図6　ふれあいの12段階

が深められていく。その過程で破綻したり、よみがえったり、新たにつながったりすることもあるが、その性的親密性がどのようなプロセスをたどるのか。D・モリスは「単純化していることは事実だが」と断りながら、次のような一二段階を示した（D・モリス著『ふれあい―愛のコミュニケーション―』平凡社）（図6）。もちろん、これは法則でもルールでもない。相手との関係を考えるとき、その許容性の深まりを示すバロメーターとして参考にしたらどうかと思って掲載した。

今日では、二人の出会いは「目から身体」「目から目」というような順序ではなく、さまざまな通信機器によるものも多い。しかしながら、直接に会って顔や表情やしぐさを見て感じあったりすること、さらに言葉によるコミュニケーションの重要性、不可欠性をこの図からあらためて確かめる意味はあるだろう。なぜなら、通信機器によって相手の素顔、素性のようなものを確かめることなくよき人と思い込み（中には意図的ないつわり、ごまかしもある）、関係を深め、その結果深い傷を負うというトラブルが少なからずあるからである。

また、この図から考えるべきこととして、次の段階に進むにはその行為についての相互確認（それぞれの判断に基づく）が重要で、一度先の段階へ安易に進んでしまうと、元には戻りにくい（例えば「7．キス」という行為まで進むと、以後相手のキスの求めを断ることが難しくなる。曖昧な断り方や激しい拒否は、相手の怒りを招きかねない）ということも知らせておきたいことである。さらに、「6．腕から腰」にはかなり性的意味、願望が込められていることが多いので、そうしたふるまいへの対応は十分慎重にすべきであること、逆に、自分にはまだ性的感情がそれほど深くないのであれば、相手のふるまいに対して、相手を傷つけることがないように、しかしはっきりと断りの意思表示をすべきであることも、エチケット、マナーとして伝えたい。

それから、この図には「口から性器」が示されていない。モリスは、宗教的な見地から、性器への口による愛撫はタブーとされているので、あえて示さなかったとしている。しかし、現在では、オーラル・セックス（口を使った性行為）は特殊な行為ではないし、互いが了解、納得、希望しているのであればあってよい性行為である。ただし、どの段階に位置づくのか、11の後か、

12の後なのか、二人の関係によってさまざまであろうが。

もう一つ、この性的親密性を示す図に関して言っておきたいことがある。それは、この図をそのままあるべき順序としてとらえないでほしいということである。例えば、12つまり、最終段階として「性器から性器」——性器性交が示されているが、確かにプライバシーを明け渡すレベルで考えれば首肯できるにせよ、その性行為がどのカップルにとっても、もっとも深いコミュニケーションだとか最高のものというわけではないし、そこまでいかないと不完全だとか、そこまでいったからそれでいいということでもない。そのときのその二人の関係性によってどこで終わってもよいのであって、一度ある段階まで進んだからいつもそこまでいくのが自然だという強迫観念や義務観は、かえって関係そのものを傷つけ、親密性を損なうことになる。そして相手との合意、了解のない性行為は、以前にも書いたように「支配としての性」にすぐさま姿を変える。虐待、である。レイプは、まさにこれらの段階を一切無視し、飛び越え、相手を自分の思い通り蹂躙しようとする犯罪であるが、それはレイピストだけの行為ではないかもしれない。場合によっては、互いにわかりあっているはずの関係の中にも忍び込んでくる可能性があると考えておくべきであろう。

さて、この項の冒頭で「やがて多くの場合、異性とのラブ・タッチングへと関心や欲求が——」と書いた。後の章であらためて「性の多様性」について記述するが、この思春期の性のところでも、基本的課題の一つとして述べておく必要があるし、必ずふれるべきテーマとして挙げておきたい。人間の性愛の指向（どういう対象に向かうか）について、多くの人は当たり前のように「異性」と考えるが、実際にはそうばかりでなく、「同性」に向かう人も、性別にこだわらない人も、そしてまた性愛の欲求をもたない「無性愛」の人もいるのである。誰が誰を愛するかはその人の自由と人権の問題であって、他の者が干渉したり、妨害したり、非難、ましてや差別することなどあってはならない。

4――自己解体できる自信と「遊び・戯れ」との関係性について

前項で紹介した性的親密性を示す図を見て、気がつかれたことはなかっただろうか。互いに距離が縮まりやがてふれあって、ハグして、衣服を脱いでからだを、性器を接触させていく――この二人の様子は着衣の二人がだんだんと子どもへ、さらに赤ちゃんへと戻っていくように見えるのではないだろうか。母と子の間では「性器から性器」はないにしても、「手から性器」はオムツの交換や排尿・排便のしつけをする過程で頻繁にあったはずであるし、授乳は「口から胸」であった。つまり、性的親密性の深まりとは、（象徴としての）母と子の時代のふれあいへの回帰と見られなくもないし、そう言えば、そのときには幼児語を交えた戯れあいの様相を示すのももっともなことと言えよう。

ところで、母と子のふれあいへの回帰、と先ほど書いたのは、その二人の関係の様相のことであって、母親と男の子とのことを言っているのではない。また、そんなふうに甘えあい、戯れあえる関係とは、互いに社会人として、大人として生きる上での建て前や面子《めんつ》、身分とか地位とか役割などをすべて脱ぎ捨てた、ただの男として女として、いやもっと言えば性別意識や役割意識もないただの性的存在としての人間として向き合えることを意味している。そして、性器というもっともプライベートな部分も含めて、いのちをあずけてもよいというような全面的な信頼感と安心感の裏付けがあって初めて可能になるのである。この、プライバシーを明け渡し、いのちをあずけてもよいという状況を「自己解体」と表現するとすれば、自己解体することによって初めて真のエロス（一体化する官能の歓び）に到達できるのではないだろうか。

このように考えると、性的親密性の深まりにおけるエロスの共有は、本来、大人のもの（ただ年齢だけを指して言っているのではない。身体的、精神的に、との意味である）と言うべきである。身体的、精神的に未熟な段階での性行為・性交は、真のエロスを共有しにくいだけでなく、しばしばその「生」をトラブルに巻き込む可能性があると考えるのも同様の理由からである。なぜならこの自己解体、実は言葉で言うほど易しいことではない。つまり、相手との関係が、さまざまな「問題」を抱え込んだお互いを丸ごと受容しあえるほどのものであるということと、相手の前で解体できるだけのしっかりしたアイデンティティをもっていることが前提となるからである。そして、性愛の行為の後にふたたび元の自分に戻れる自信がなければ、一時的な自己解体は自己崩壊に陥るおそれがあるからである。

このように、互いに自己解体しあえる間柄におけるエロスの共有とは、性行為を対等な関係における「遊び・戯れ」とする考え方に通ずるものである。建て前を脱ぎ捨てて、女だ、男だという性別意識からも自由になって戯れあうことから生まれる解放感。それがその双方にふたたび生きる意欲とエネルギーをもたらすというダイナミズム。

であるから、「性」は障がいのあるなしを超えて、年齢がいくつであるかに関係なく、その対象が同性であるか異性であるかにかかわりなく、すべての人間に共通する人権と結び付いたテーマになり得るのであろう。

5——二人で紡ぎ出す性の快楽

ふれあう歓び、快感の分かちあいについてここまで述べてきたが、その際、私はあえて性交に焦点を当ててこなかった。また、D・モリスが示した一二段階の最後に「性交」があることに対してもむしろ疑義を示してきた。もちろんそれには理由がある。それは、私たちの周囲の性情報には、性的親密性の深まり＝性交＝インサートというメッセージが多過ぎる、多過ぎるというよりも性的欲求の行き着く先はそれである、それでしかないという刷り込みがなされるほど圧倒的だからである。

実際に性的行動のノウ・ハウを示した出版物などを見ると、性交こそが「本番」であり、その他の性的ふれあいはすべて本番のための「前戯」という扱いである。こうした類の情報にばかり接していると、性交に対するある種の強迫観念――性的に親密になったら性交するのが当たり前であるとか、性交しなければならないというような、さらに性交したかしなかったか、性交できたかできなかったかが二人の関係の善し悪しをはかる絶対的な基準であるかのような――さえ生ずる可能性がある。そうした強迫観念に縛られていると、二人の関係はかえって窮屈なものになるのではないか。実際に、窮屈な関係を予感してそこから逃れるために、性的に親密になること自体を回避する傾向が生まれているのではないかと思う。

もちろん、性交は重要な意味をもつ性行為である。特に、生殖を望むとすれば不可欠なもの（ここでは人工授精等にはふれないでおく）であるし、互いのプライバシーにより深くかかわる意味からもより慎重に考えなければならないことである。

しかし同時に、性交は性的ふれあいの唯一のものでもなければ、必ずしも最高のものでもない。例えば実際に性交はできるし、しているけれども、キスをしなくなったとか、しっかりハグしなくなったことの方が、二人にとってこころの距離や親密性の濃淡に深くかかわるのではないかということもある。こうした意味からも性交は、二人の関係や状況のもとで選び得る、多様なバリエーションの中の一つの性行為であり、性表現であると考えたい。そのときの関係や状況によっては、寄り添うだけでもよいし、頬ずりをしてキスで終わってもよい。からだや性器をさわって快さを与えたり、受け取ったりするペッティングもある。さらに、互いの願望と合意があれば、フェラチオやクンニリングスなど性器を口腔（オーラル）で愛する方法もよい。しかもそれらの行為は、いつも性交につながらなければならないと考えることはない。それぞれが楽しい戯れ（プレジュアリング）で終わってもよいし、ときにはそれによってオーガズムに至ってもよいのである。

さらに深く考えれば、からだの接触がいつも欠かせないと思うこともない。見つめあうだけで、楽しいおしゃべりで、あるいは声を聞くだけであっても、さらに文字を読むことを通じても、人間はその豊かな想像力、イマジネーションによって、ときにはふれあう以上の深いエロスや充足感を感じ取ることさえできる。このように、人間の性をそのふれあいの多様性においてイメージするとき、性交にばかりこだわる「インサート至上主義」はむしろエロスの貧しさをあらわしているといってよいのではないだろうか

自らの性の感覚の快・不快を率直に伝えあい、心地よさを深めあうことによってともに生きる充実を味わうこと。そのためにも、嫌なことはしあわない、楽しいことだけ少し好奇心をもってしあえるような関係は、まさに二人でつくり育てあうものである。こうした人間こそ、性の快楽、歓びを相互性、対等性のもとで創造していく性の主体者と言えるのであろう。

6──「ポルノの性」と「エロスの性」と

ここまで、どうしたら互いに納得がいくような「柔らかな関係」をつくっていけるかについて

考えてきた。この項では、なぜそれが難しいのかについて、性の意識やイメージの切り換えの意味と重要性を、「ポルノ」と「エロス」の性を材料にして考えてみたい。

まず、次頁の二つの図（図7・図8）を見ていただきたい。高校生が性知識や情報をどこから得ているか、「避妊」と「性交」について調査したものである。もっとも、こうした調査では得た知識の内容まではわからないが。これを見ると、避妊については「学校」が群を抜いて多いことがわかる。ただし、二〇〇五年と二〇一一年をくらべると、男女ともにかなり低下している。学校での性教育が低調になっていることを反映していると思われる。とはいえ、学校の果たす役割がとても大きいことがわかる。これにくらべ「性交」の情報源となると、「学校」の割合は一挙に減少し、代わって女子は「マンガ＋一般雑誌」、男子は〇五年調査では「ポルノ雑誌＋AV」が多かったが、一一年調査ではこれにとって代わって「インターネット」が「学校」を凌駕している。女子の性交の情報源としては、「学校」が一定の割合を占めているが、これは妊娠・出産につながる「生殖の営み」として特に女子に向かって授業されていることが推察できる。このように学校での性教育は、妊娠、避妊、出産など生殖にかかわる性については生徒の認識に一定程度の影響を与えているが、性交のあり方、考え方などについてはマンガ・雑誌、ポルノ、そしてインターネットにその座をゆずるというか、結果としてそうした情報に任せていると言わなければなるまい。

そこで、「ポルノ」と「エロス」の話になるのであるが、「ポルノ」の語源となるポルノグラフィー

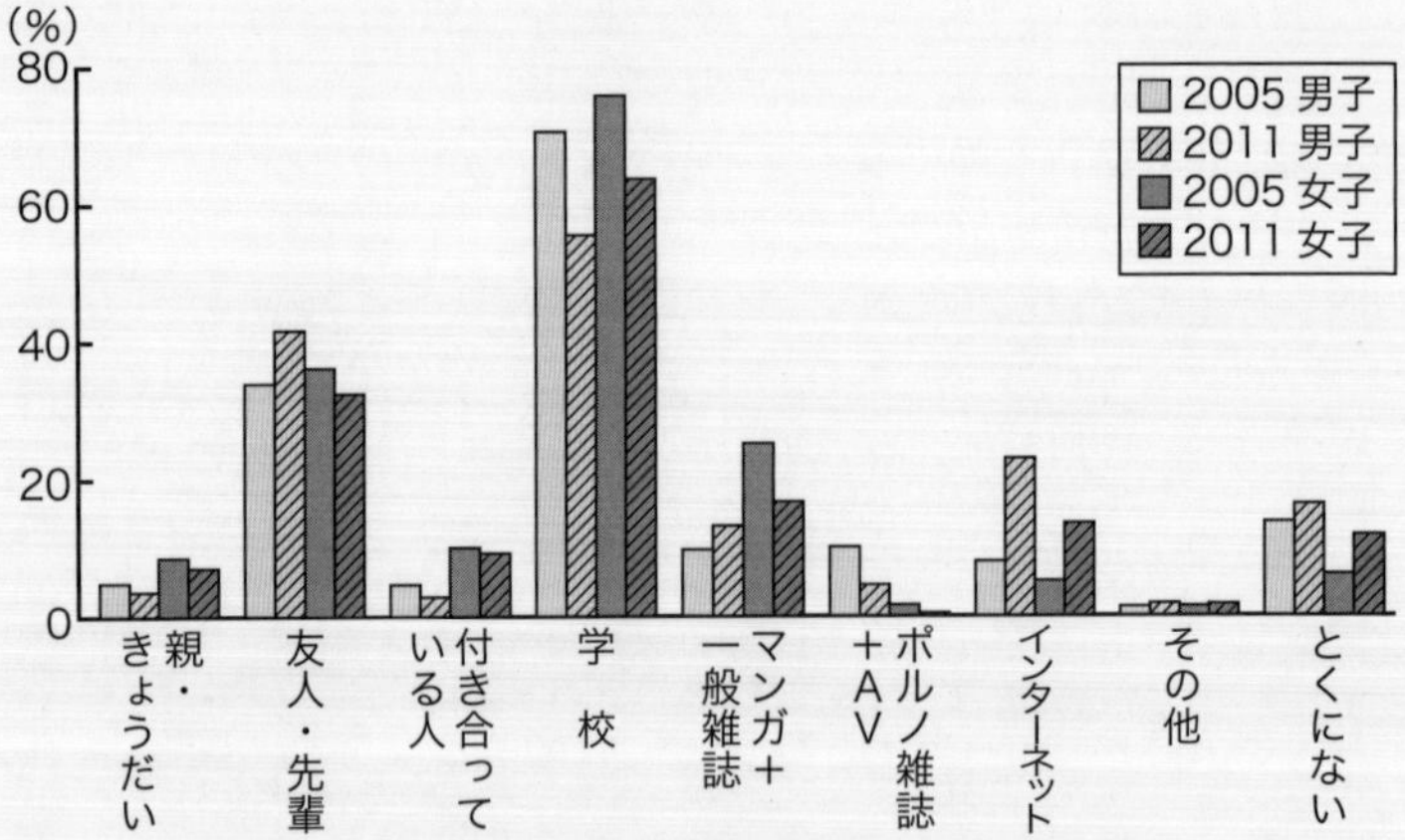

（出典：日本性教育協会『「青少年の性行動」第7回調査報告』2012年より）

図7　男女別・高校生の避妊情報源（2005年と2011年）

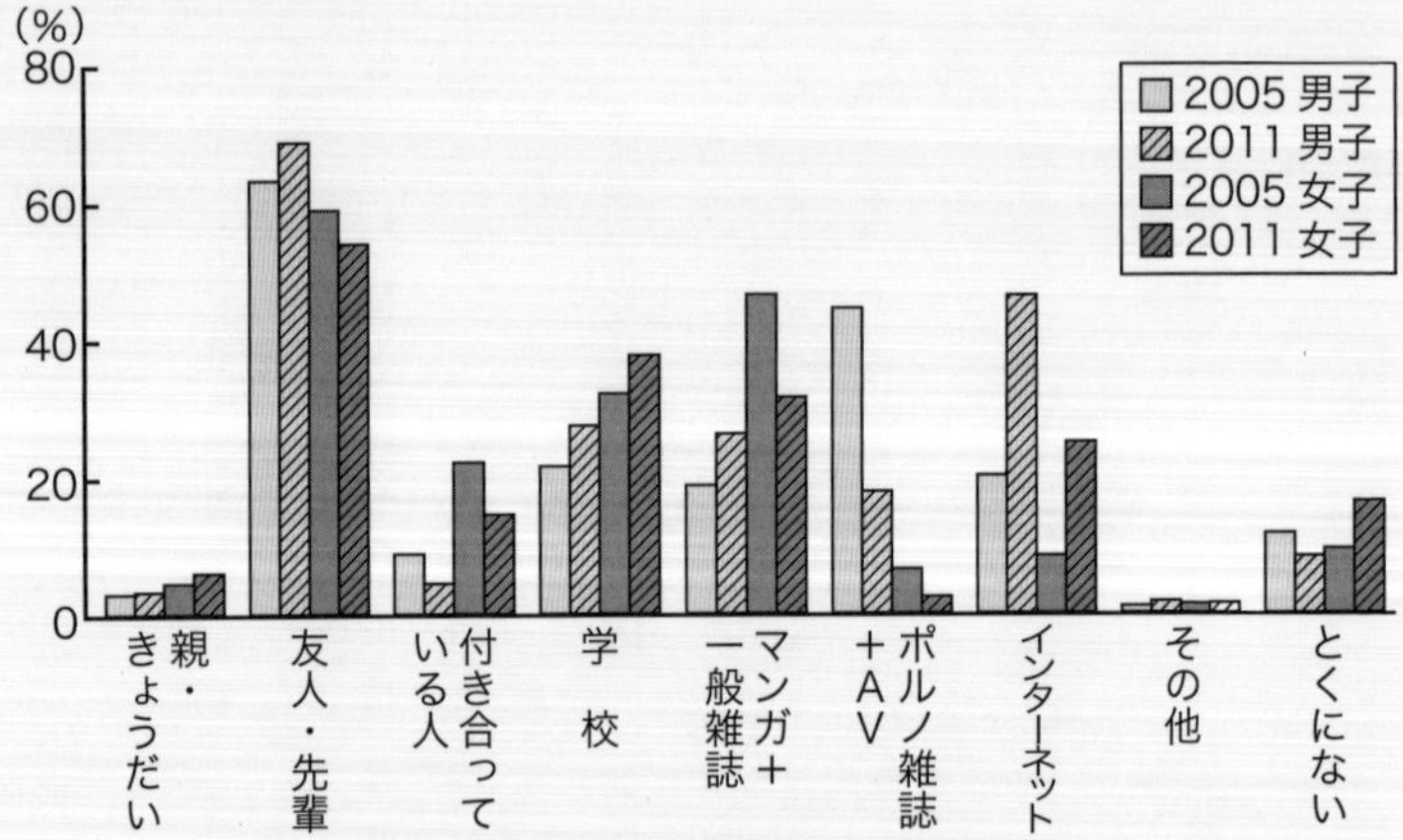

（出典：日本性教育協会『「青少年の性行動」第7回調査報告』2012年より）

図8　男女別・高校生の性交情報源（2005年と2011年）

とは、「売春婦について描かれたもの」あるいは「売春婦が書いたもの」ということである。スウェーデン性教育協会発行の冊子には、「ポルノグラフィーは、性的機能が広い人間的背景から遊離し、また性の相手が人間としての関心ではなく、恥辱あるいは残虐性をもって扱われているような言葉や絵で表現されたセクシュアリティの記事」とあった。つまり、「人間全体としての存在、感情、思考から性や性器を切り離し、恥辱、残虐性をもって扱ったもの」としておこう。これに対し「エロス」という言葉の源をたどれば、ギリシャ神話における愛と美の女神・アフロディテ（ヴィーナス）の息子の名で、彼の放つ金の矢が当たれば恋に焦がれるという、いわば男と女を結び付ける神の名でもある。このエロス、ローマ神話ではキューピッドと言うと知れば、「あぁそうか」と納得していただけるであろう。もっとも、わが国ではエロ本とかエロ映画などと使われてずいぶん薄汚れてしまっているが。つまり、「ときには人を迷わせ悩ませるが、肉体の合一に向かって人と人を近づけ、結び付けるもの」、それがエロスである。

以上の前置きをしておいて、私なりに作成した両者の比較対照表（次頁表6）を見ていただきたい。ポルノの性からイメージされるものを言葉であらわせば「支配」、エロスの性は「融和」、一言でそんなふうに言える。そして特に男子が、それこそ子どもの頃から映像や雑誌などで繰り返し目にする「性」は、まずポルノあるいはポルノ寄りのものが多かったし、今も多いのではないか。支配するのはまず男、されるのはまず女、例外がなくはないけれどそこには男性優位の力による支配としてのセックスが展開される。男子は、初めはギョッとしたり違和感をもったりす

表6　ポルノの性とエロスの性

	ポルノ性	エロスの性
表現されているふたりの関係	一方的であり、エゴイスティックである。パワーを感ずる必死の関係。	相互的、互いに主体的にかかわりあっている。パワーは必要ない。許し合った関係。
表現されている体	性器だけがクローズアップされるように、局部的。	ふたりの表情も描かれていて、全身的。
顔・表情が描かれる時	無表情・ないしは怒りや悲鳴、苦痛の表情が多い。	うっとりした表情も含めて、笑いに通ずる喜びが表現される。
印象として受けとるもの	緊張した硬い表情、暗い画面。軽蔑と後悔を感じとることが多い。	リラックスした柔らかな表情、明るい画面。くつろぎと満足の雰囲気にみたされる。
予感させるもの	憎しみを思わせる関係、そして死（実際によく死そのものが描かれる）。	いつくしみあう関係、生の賛美。
ふたりがかもしだす雰囲気	言葉が交わされることはほとんどないか少ない。支配・命令と服従のとげとげしい関係。	コミュニケーションの豊かさややさしさが感じとれる。
描かれる場面	恥辱、陵辱というかたちが多く、差別され、道具視される女性が強調される。体位を変えてのインサートばかりがしつように延々と行なわれる。	対等の関係で、ともに快さを味わっている。おしゃべりやペッティングなどがさまざまに描かれる。
使われるもの	ムチ、ロープその他、性具も含めて器具が登場し、器具によって弄ばれる。	肉体だけが描かれ、器具などほとんど使われない。
イメージを色で例えると	モノクロ、黒、灰色、白。	オールカラー、ピンク、黄、紫など。

（出典：『性教育のこれまでとこれから』大修館書店を一部改変）

ることもあるが、次第に見慣れていくにつれその映像などに興奮し、セルフプレジャーの材料にするようになる（誰もが同じではなく、そうした情報を嫌悪する者もいる）。そのうち、それが当たり前のことのように刷り込まれ、セックスってそんなもの、女って、男ってこんなものという意識ができ上がっていくことになるのである。

だからといって男はみんなそうなのだ、などと言う気はないし、そんなふうに決めつけるのは間違いである。それにポルノをいくら見ても、それはあくまでファンタジー（幻想・妄想）であって、それはそれ、実際の性行動とは関係ないのだという意見もあるだろうし、私もそうは思うというかそう思いたい。しかし、子どもの頃から「ポルノ」ばかりを見続けていくうちに、しかも性的ふれあいに臨む二人が対等に戯れたり、おしゃべりしたり、笑顔を伴いつつセクシュアルなコミュニケーションを深めていくような、そうした「エロス」のイメージを思い描く経験もないまま育っていくとしたら、やはり暗澹たる気持ちにならざるを得ないのである。これを切り換えていかなければ、二人にとっての柔らかな関係づくりの道は開かれない。この意味で、両性・両者が対等な関係のもとで相互に快楽を分かちあうことをイメージできる文章や映像がもっとあったらいい。そこには笑顔や慈しみあうまなざしや感謝の言葉があふれていて……そうしたものを読んだり、見たり、学んだりすることで、人びとはもっとお互いに優しく、賢くなっていけるのではないだろうか。男も、そして女も。

「ポルノの性」は男が思い描くもの、女は「エロスの性」を思うもの、と単純に言うつもりはないが（ただ、一般に女子は、男子が思い描くような性のイメージをもつことは少ないようである）、男子のそれがあまりに自分中心で力を伴うために、嫌悪感を抱くことが極めて多い。したがって、最初の頃は「そんなものか」と受け入れたり、受け入れざるを得ないふりをしても、早晩その性関係は破綻していく可能性が高いのである。前項で述べた「快楽としての性」への道の行方にあるのは「エロスの性」であり、「ポルノの性」は「支配としての性」であることに気づかなければ、二人の未来はないと思う。もっとも、性にかかわる二人が、双方ともポルノのような性を求めているのであればそれはそれでよいのだが、多分にそれはサディズム、マゾヒズムの性ということかもしれない。ファンタジーとして楽しむのであれば、どんなものでも結構である。しかし、そのファンタジーを現実のものにしようとすれば、その行為はただちに虐待、暴力そして犯罪になる。そこには、愛とも慈しみとも微笑みとも無縁なエゴイズムしか存在しないことを、できるだけ年若い頃から教えていかなければならないのではないだろうか。それも大人の責任だと思うのである。

7――Too hardからSofterへ

『性愛』（手塚千砂子編著、学陽書房）という本に出会ったのはもう二十年も前のことだったが、今も印象深く私の中に残っている。その帯には、『性』について女と男はどこまでわかりあえているだろうか。職業も人生観も国籍も異なる女性12人が語るセクシャリティ」とあるように、さまざまな女性へのロングインタビューが綴られた本であった。その中に忘れられない一節がある。幸せな性愛を求めてさまざまな体験を交流しつつ率直な希望を述べあう中で、一人の女性が年下の口系ブラジル人の男性との性関係をふり返った言葉として、「とにかく、すべてにおいて彼は度がすぎるの。やりすぎ、早すぎ、激しすぎ。Too much, Too fast, Too hard!（爆笑しばらくやまない）」。あまりに率直なかつ的を射たその表現に、読んでいた私も思わず「そうだネ！」と声を出した次第だった。

そこで私は、先ほどのポルノの性、エロスの性の対照表とあわせて（順序を少し変えた上でもう一つ加えて）、

Too hard（激し過ぎる）　から　Softer（もっと柔らかく）へ
Too fast（急ぎ過ぎる）　から　Slower（もっとゆっくり）へ
Too much（し過ぎる）　から　Less（もっと少なくていい）へ
Too heavy（重過ぎる）　から　Lighter（もっと軽く、明るく）へ

と紹介したい。メイク・ラブのイメージを切り換える資料として。前者が男子の様子で、後者が女子の願望であると決めつけるわけではないが、大体そう考えて間違いないだろう。ポルノとエロスの関係もほぼ似ている。

そこで思う。男子はもっと楽になったらいい、その方が女子にはもちろん男子自身にも幸せを

もたらすことになるに違いない、と。「男なんだからこうしなければならない」というような、いわばセクシュアリティにおけるジェンダー・バイアスから抜け出ることである。そしてあえて言えば、女子のもつ（すべての女子が同じというわけではないが）セクシュアル・センス（性的感受性）に男子が近づくことが、両者のためによいし、おそらくそれが望ましいメイク・ラブの姿なのではないだろうか。性の真の快楽は受身にあるとの謂も深く示唆的である。

考えてみれば、男子は「男」という性別をもって生まれたために、それまでの世の中でつくられた「男のあり方」を無理やり担わされて生きてきたのではないかと思う。その「男のあり方」とは、強く、たくましく、人の上に立つ、女みたいじゃない男、支配する男ではなかっただろうか。セックスにおいてもそのように思い込み、そのようにふるまい、その結果嫌われてきた。そうして二人で楽しみあうメイク・ラブから遠ざけられてきたと思う。威張らない、怒鳴らない、「力」によらないことをベースにともに暮らし、ともに笑い、ともに楽しみあう男。女はそんな男を諸手を挙げて受け入れ、初めてその二人に微笑みと感謝の気持ちがあふれていくのではないか。そうした「生」の中でこそ、男の「性」はふたたび輝くのではないだろうか。

第8章

男子への性教育のエッセンス

1――自らの性がいのちの成り立ちに深くかかわっていることの自覚

性教育では、長い間「生殖の性」が第一義的に考えられてきた。生殖の性といえば産む性、産む性となれば女・女子の性であり、男子の性は学習の対象からはずされてきた。しかし、産むことは女子にしかできないが、そこに至る過程――受精、妊娠の成立――には、男子の存在が不可欠なのは当然であるばかりでなく、出生・出産後の育児の担い手として、男性（父親）の存在が今後ますます重要視されるべきことは間違いない。

(1)生殖への直接的なかかわりのスタート

本書の第2章において、射精が肯定的に受け入れられにくい理由の一つとして、「精液が白くてねばねばしていて膿のように見えて汚い」ことを挙げた。そして、白く見えるのが精子の栄養分でありいわばエネルギー補給の役割を果たしていること、さらに、精子を守るボディガードの役割があの「ねばねば」であることなど、生殖のためのしくみとはたらきを意味していると述べた。それほど腟の中は精子の生存にとって厳しい環境なのである。その理由は、母体にとって精子は明らかに「異物」であり、異物を排除するしくみを生体として自然にもっているからである。

精子も、そして受精の結果としての胎児も、母体（女性）にとっては異物である。しかし、精子が異物として常に排除されたのでは受精は成り立たない。そこでまず排卵期になると、それまで精子が子宮に入っていくことを阻んでいた子宮頸管の粘液の分泌量が普段の十倍にもなって流動性が増す。しかも、精子を迎え入れるようにpH七〜八・五の状態になるので、この時期にだけ精子は粘液の流れに逆らって頸管を通過できるのである。子宮に入った精子は、勢いを得て二本の卵管に向かって進んでいく(排卵のなかった卵管に向かう精子には受精の可能性はない)が、その間にも増加した白血球に食べられてしまうのである。膣内に射精される精子が数億個もいないと妊娠できないのは、こうした「排除」のシステムをくぐり抜けてなお卵子の周囲に一〇〇から数百個の精子が生き残り、それぞれが酵素を出しあって卵子のバリアーである顆粒細胞の膜を取り除くことで最終的に一つの精子が卵子の中に入っていけるからである。

つまり、母体としての女性のからだは、排卵期前の一時期だけ粘液の流動性を高めて精子を子宮内に迎え入れる。そして、排卵した卵子と合体し子宮内膜に着床すれば、それをその後二百数十日間、子宮の中で育み続ける。ということは、その期間、異物を排除するシステム(免疫機能)を停止するという驚くべき寛容性を発揮するのである。出産をこの「寛容性」の終了に伴う排泄機能の再稼働としてとらえれば、母体である女性の意思や感情とは無関係に出産が進んでいくことが納得できるのではないだろうか。

(2) 相対的に自立した生命体としての胎児

「母体にとって胎児は異物である」という表現をより詳しく言いあらわすとすれば「胎児とは基本的に母体に依存しながら、自立した生命体としての機能を着々と準備しつつ出生を待つ存在である」ということになる。

かつて、子宮内での胎児の成長変化についてほとんど解明されていなかった頃には、「母と子の血のつながり」などと言って、母体の血液が臍帯を通じて胎児に送られているとか、胎児は「宇宙船のような子宮の中でスヤスヤ眠っているだけ」のように語られてきた。そして出産についても、母親の努力や頑張りだけが強調され、それが自己犠牲的な母性愛と結び付けられたりして、それ故に胎児はただ受動的で無力な存在としてイメージされてきた。

しかし、例えば胎児は妊娠一五週頃には自ら排尿するようになり、妊娠後期になれば一日に五〇〇ミリリットルほど羊水を飲み、四五〇ミリリットルくらい排泄しているのである。これには胎内環境の浄化という意味があることがわかっている。なぜなら、羊水は通常無菌であるが、胎児の皮膚からはがれ落ちた細胞などがたまり次第に汚れていくので、これを防ぐために羊水を飲み、自分の腸で濾過し、排尿することで羊水を清浄に保っていると考えられているのである。

こうした見事なしくみは、出産の経過を通じて次々と学ぶことができる。羊水の中で生きている胎児は、もちろん呼吸はしていない。必要な酸素や栄養分は、胎盤を通して母体から受け取っている（ただし、母体の血液が胎児の体内に流れ込むのではない。胎児の血液は胎児自身のからだでつくられるのである。酸素や栄養分と老廃物との交換は胎盤で行なわれ、血液が混じることはない、つまり母体と胎児の血液は直接つながってはいないのである)。しかし、出生後は酸素や栄養分を自力で確保しなければ、母体の外（空気の中）で生きていけない。そのために、まず子宮頸管や腟（産道）を通るときの圧迫や摩擦によって、口から肺液（羊水や肺の分泌物）が絞り出されるのである。そうして産道を出た途端に陰圧になっていた肺胞が一気に広がって、そこへ空気がドッと入ってくる。その刺激で残りの肺液もはじき出し、最初の呼吸のために横隔膜を激しく動かす。それが泣き声のようになってあらわれるのが「産声」である。

普段は鉛筆の芯ほどのすき間しかない子宮頸管を、直径一〇センチメートルにもなる頭が通るほど押し広げ、陣痛（子宮収縮と子宮口開口に伴う痛み）が始まってから数時間もかけてこの世に生まれ出てくる胎児と、それを産み出す母体。この両者の協同としての出生・出産の見事な「自然」は、まさに目を見張るばかりである。この受精から出産までの経過について、あらためて深く理解しておこう（次頁図9）。

ところで、新生児が最初に感じるのは寒さだと言われる。何しろ子宮内は三九℃ほどであるのに対して分娩室内の温度は二四~二五℃であるから、一挙に一〇℃も低い外気にさらされることになるのである。特に、全身脱毛して敏感な皮膚感覚をもっているわけであるから、寒さを感じるのは当然である。したがって、新生児は温かなお湯に浸かったり、柔らかな毛布にくるまれたり、何よりもまだ湯気が出ているほどの母体に抱擁され、その肌とのふれあいによって安心感を

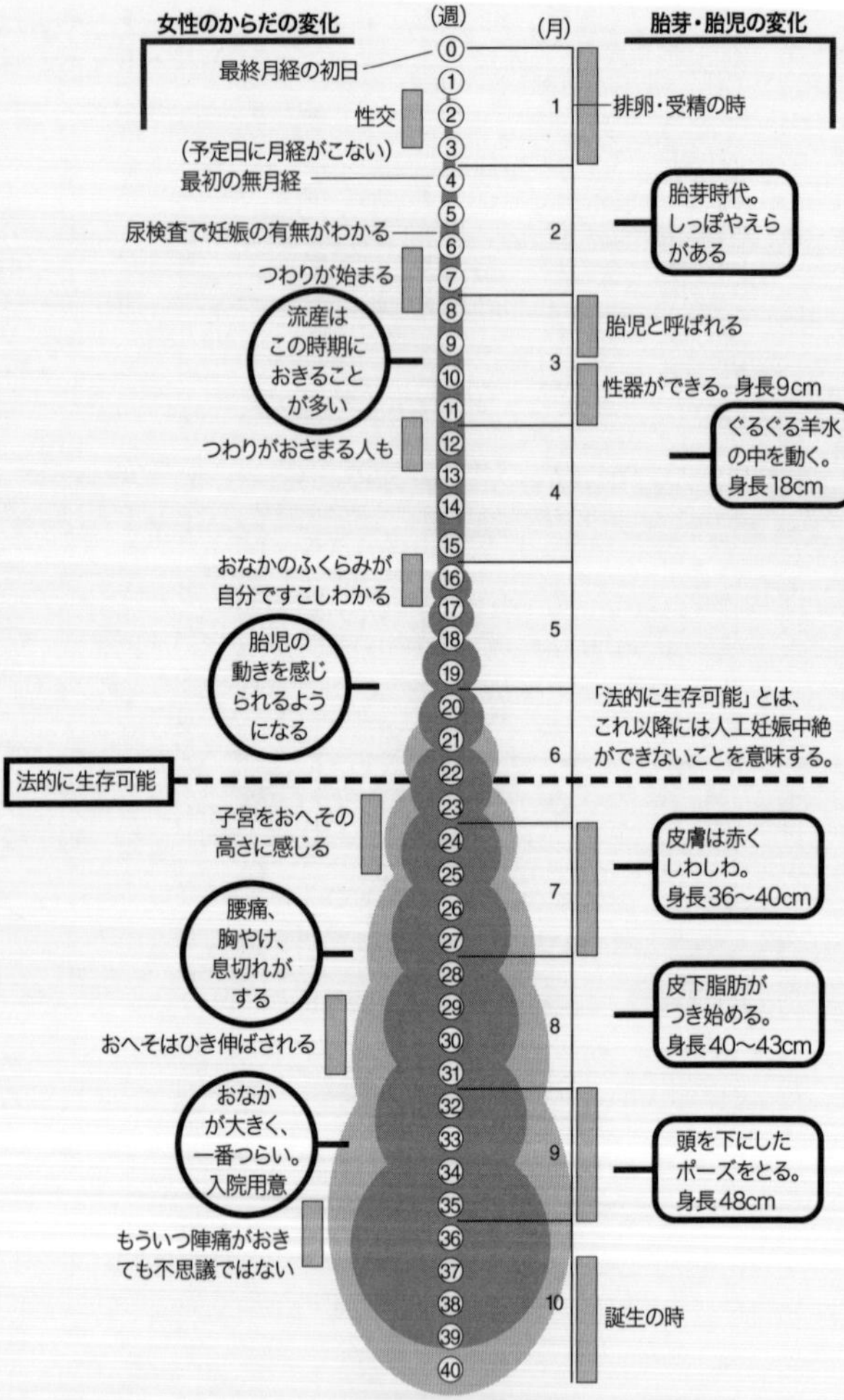

(出典：河野美代子監修『SEX & our BODY
—10代の性とからだの常識』NHK出版に一部加筆)

図9　妊娠週数と女性のからだおよび胎児の変化

得つつ、外界や他者とのコミュニケーションを始めていくのである。

(3) 男性の中の「母性」

生まれたばかりの新生児のことを、「母体外胎児」と表現することがある。生後一年ほど経ってやっと歩くことができるようになることも含めて、まだ自ら生きて暮らす力はほとんどもちあわせてないからである。このことは、他の動物と比較すれば明瞭である。つまり、人間の諸能力のほとんどは、生まれた後の経験や学習によって身につけていくものであり、生まれつきほとんどの能力をすでに脳に刻み込まれている他の生きものとは、決定的に異なっているのである。このように、極めて未熟な脳をもって生まれてくる故に、人間はその後の経験や学習によって優れて個性的でかつ無限の発展可能性をもつことになる。つまり、それだけ養育や教育の重要性が決定的に大きいのである。

この出産、今では妊産婦だけが家族から離れて病院で産むのでなく、夫の立会いや援助のもとで「ともに産む」取り組みをするカップルも特別ではなくなってきている。また、助産院というよりアットホームな環境で無理の少ない分娩法を選ぶなど、「産まされる出産」から「自ら産む出産」が試みられるようになりつつある。また、立会うかどうかはともかく、女性任せにせず男性がどう出産にかかわっていくか、さらに産後の生理的・心理的な不安をパートナーとしてどう担いあうのかなどが問われるようになってきた。それは、単に出産をめぐることだけではない。

妊娠と出産と母乳哺乳だけは女性にしかできないが、養育にかかわるそれ以外のことは男性も担っていけるのである。むしろ担うことによって男性にも母性が芽生え、人間として成熟していけるのである。そしてこのことを男性が担うべき「負担」と考えるのではなく、むしろそうすることで男性の人間としての開花・成熟が進むと言うべきではないだろうか。

母性を女性だけのものとして美化・強調し、ときにはそれを本能などと言って女性を育児に縛り付けてきた歴史がある。しかも、それはまだ過去のものとは言えない現実がある。そして、育児が苦手だったり、そこに圧倒的な時間を注ぐことを是としない女性を非難、軽蔑したりしてきた。しかし、仕事にだけ縛り付けられた男性、家事・育児だけに縛り付けられた女性は、いずれも人間としては片面の成熟しかできていないと言ってもよいのではないか。いたいけな子どもとのかかわりを通じて、男性も自分の中にある母性（包み込む愛）を自覚できるのであれば、それは人間の成熟にとって不可欠な要素と言うべきであろう。

ここまで述べてきたように、渾身の力をふるってこの世に誕生してきたわが子、その子どもの成長を慈しみ、その人生を大きく見つめながら出産と育児を一セットのこととして取り組むことは、まさしく人間的な営みであり、それほどの価値ある営みを女性に独占させるのはもったいないことではないだろうか。

(4) 生殖にかかわる長い人生

生殖の性といえば女性のことがまず思い浮かび、男性はあまり関係がないように思いがちであるが、実は人生において男性の方がずっと長く生殖にかかわっている。女性は閉経によって生殖の力を失うのに対し、男性は精通が始まって以後、特別な事情がなければ死に至るまで精子をつくり続け、生殖能力を維持し続けるのである。しかも、妊娠は男女双方に同じような影響をもたらすのではなく、圧倒的に女性の健康や生命に深く影響を及ぼすことを、特に男性は強く認識しなければならない。出産に至らない場合の不安や悲しみはもとより、出産に至ったとしても、それが女性のからだやこころの健康にもたらす影響は尋常ではない。この項のタイトルである「いのちの成り立ちに深くかかわっていることの自覚」の意味のもう一つは、予期しない妊娠を生涯にわたって避けることが、女性との柔らかな関係の大前提であることを男性が認識し、行動することの重要性である。

2――女性の性への深い理解こそ、柔らかな関係づくりの基礎

私が性について関心をもつ大きなきっかけは、結婚した後の妻との共同生活の中で感じた気持ちのズレ、すれ違いが、どうも女性の「性」に対する私の無知、無理解が原因ではないかと思い至ったことであった。中学、高校の六年間（一九五五〜一九六〇年）男子校で育った私は、時代

が時代ということもあり、誰一人「人間の性の何たるか」をまともに語る人に出会うことはなかった。そんなふうに子どもから青年時代を生きた私にしてみれば、いくら愛しているとはいえ、妻である女性の性に優しく、いたわり深く接したり、また自分自身の性について率直に語ったりして、コミュニケーションを深める力というか感性というものを身につける機会はなかったのである。

やがて、いくつかの出来事を通じて私はこのことに気がつき、それまでの自分のふるまいについて反省し、あらためて女性の性について正しく学ぶ道を歩むことで、二人の関係は安定に向かうようになった。その中で、ようやく妻に対して、男性の性、自分の性について正面から受けとめてくれるよう求めることもできたのである。

私の性教育への開眼は、こうした実体験を通じて「互いに学びあうことで初めて理解が進む」という確信に基づいているのだが、そのような自分の経験から、思春期以後の男子に対し、女性の性の学びのポイントと思うことを紹介してみたいと思う。

(1) 女性の性、からだとこころの変化

女性の性、特に月経周期とホルモンの関係、それから月経をめぐって揺れ動く女性の心理というかこころ、これらのことを一枚のプリントで概略説明できる資料に出会った（図10）。

まず月経について。月経という言葉を聞くと「血」、血というと怪我、病気、手術などを連想して、「怖い」とか「汚い」ものと思い込む人が多いようである。しかし、月経血と言われるも

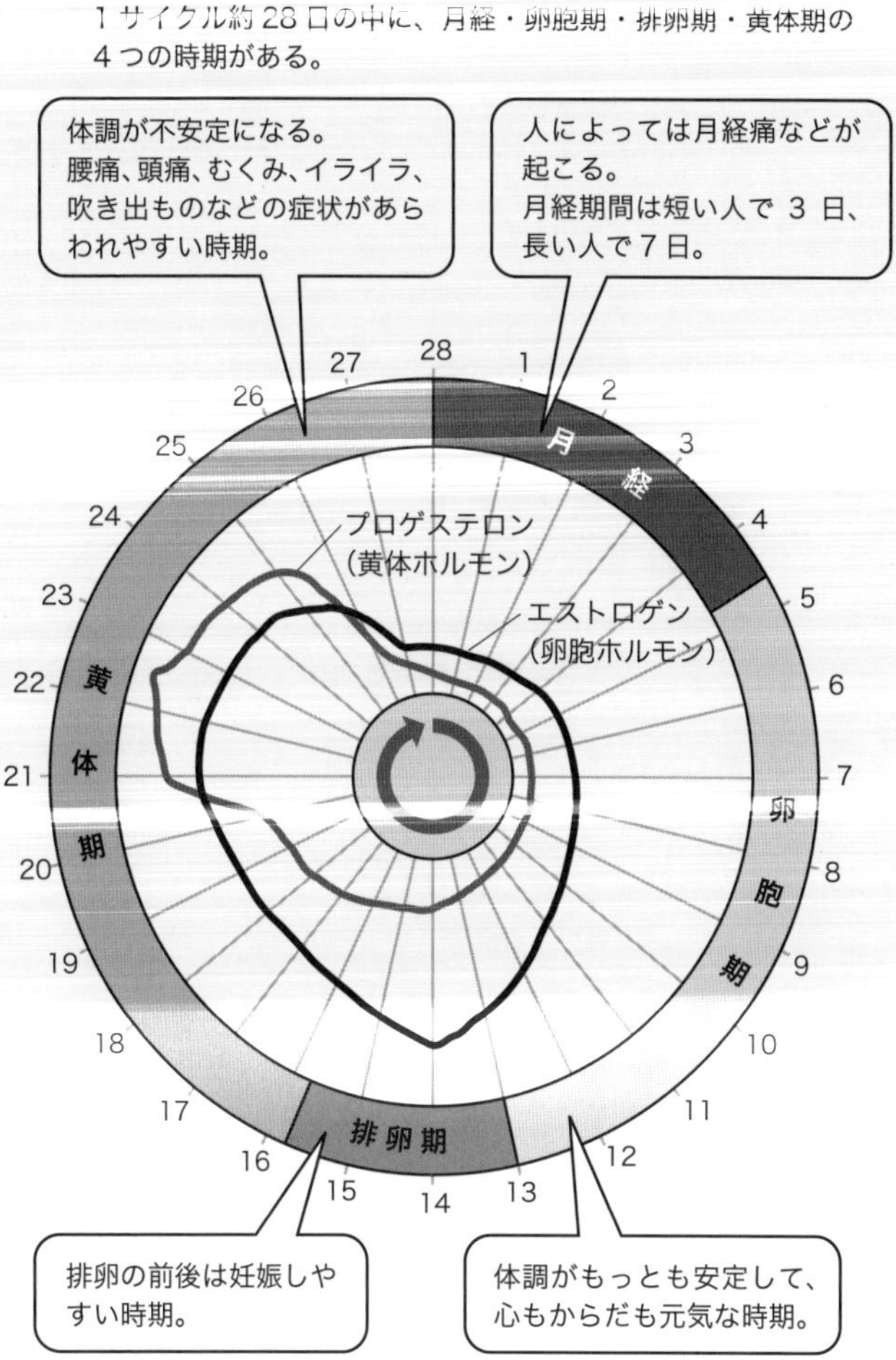

1サイクル約28日の中に、月経・卵胞期・排卵期・黄体期の4つの時期がある。
体調が不安定になる。腰痛、頭痛、むくみ、イライラ、吹き出ものなどの症状があらわれやすい時期。
人によっては月経痛などが起こる。月経期間は短い人で 3 日、長い人で7日。

排卵の前後は妊娠しやすい時期。
体調がもっとも安定して、心もからだも元気な時期。

（出典：対馬ルリ子著『女も知らない女のカラダ』経済界を一部改変）

図 10　月経（生理）周期とホルモン

のの大半は、不要になった子宮内膜がはがれ、融解して体外に排泄されるものであり、子宮内膜がはがれるときに出血するのでそこに血液が混じる。その他、頸管粘液や膣の中の分泌物も一緒になるから、血液そのものは経血量全体の半分くらいと言われている（全体の量は、一周期に五〇～一五〇ミリリットルほど）。しかも、その血液（子宮内膜の組織に含まれるプラスミンが、血液を固めるフィブリノーゲンのはたらきを阻害するので）は、固まらないようになっている。

月経期間は大体五日間（三～七日）くらい続くが、始まってから一二時間目ぐらいに強い痛みがあり、二日目ぐらいまで続くことがあるという。これは、不要になった内容物を排泄するときに子宮内膜で生成されたプロスタグランジンという物質（出産に伴う陣痛を引き起こすのも同じ物質）がもたらすもので、若い女性の場合、外に押し出すはたらきがスムースにいかなかったり、子宮の出口が狭かったりして強い痛みに見まわれることがある。出産を経験すると月経痛がうそのように消えた、と言う人がいるのはこのためである。また、この痛みには個人差があり、中には日常生活に支障をきたすようなこともある。そうしたことがしばしばある場合、無理に我慢したりせず月経が始まる前、早めに鎮痛剤を飲んで対応したり、漢方薬を処方してもらったり、入浴、食事、軽い運動（痛みをやわらげる効果もある）、リラックス、からだを温めるなど生活習慣の工夫によって、少しでも快適な生活を送るようにしたいものである。

また、ピルといえば避妊薬というイメージが強いが、近年、避妊目的でなく月経に伴うトラブルをやわらげるために服用する女性が増えている。これはピルを飲むことで、自分で分泌するホルモン量が減るので随伴症状がやわらぐという原理に基づくものである。繰り返しトラブルにみまわれるのであれば、ピル処方も含めて専門医を訪ね、相談するなど自らの健康を管理する主体者として判断し、行動する力をもつことが望まれる。

男性としても、この程度のことを理解しておくと、月経時の女性のからだやこころについてより近づけるであろう。ちなみに、初経年齢は大体一二歳、閉経年齢は大体五〇歳、月経周期については先ほど示した図では二八日となっているが、これは典型例で実際には二五〜三八日であれば正常とされている。さらに、排卵日は月経初日から一一〜二四日目の間（排卵の日からほぼ一四日後に次の月経が始まる）とされていることもわかっておきたい。

(2) 卵胞期とは何か

卵胞とは、卵子を包む袋のようなもので普段は卵巣の中に詰まっている。実は、月経期間中に脳の視床下部から下垂体に合図の物質が出され、下垂体から卵巣に対し「卵胞刺激ホルモン」が出される。つまり、次の排卵のため卵胞の成熟を促すのである。卵胞期とは、そのサインを受け取った卵胞から卵胞ホルモンが盛んに分泌され、排卵の準備を整える時期で、九日ほど続き（五〜八日）、やがてそのピークを迎える頃に排卵が起こるのである。

この卵胞ホルモンはエストロゲンと呼ばれるが、このホルモンが分泌される期間は比較的気持ちが安定していて、仕事もはかどったり人間関係もスムースにいくことが多いと言われる。また、卵胞ホルモンによって子宮内膜が厚くなり、妊娠のための準備を始めるのである。こうして性的な面でも積極性が増すことがあるのが、卵胞期である。

(3) 排　卵

排卵は、前にも書いたように月経初日から一一〜二四日の間にあるとされるが、一四日目前後に起こることが多い。排卵された卵子の寿命（受精の可能性）はほぼ一日であるが、子宮内に入った精子はほぼ三日（場合によっては一週間ほど）生きていると言われるので、排卵日一週間前の性交は受精につながることがある。しかも、排卵日は月経が始まってから何日目と決まりきってはおらず、ときにはずっと早くなることもある。そのために可能性が低いとはいえ、月経期間中の性交も受精につながることがあるのである。

(4) 黄体期について

さらに、排卵期になると下垂体から黄体化ホルモンが卵巣に向かって分泌され、その影響で排卵によって卵子を放出した卵胞は黄体になる。そして、その黄体で黄体ホルモン（プロゲステロン）がつくられ、それが子宮に届くことで厚くなっていた子宮内膜が栄養を貯えながら柔らかくなっていく。

一方、排卵された卵子は子宮からのびてきている卵管の先に受けとめられ、そこに精子が来ていれば受精に至る可能性が生じる。そして、受精してから約一週間後、黄体ホルモンの作用ですでに肥厚していた子宮内膜に着床し、妊娠が成立するのである。

排卵後、次の月経に至る一四日間は黄体ホルモンの分泌が卵胞ホルモンを上回るのであるが、この黄体ホルモンは妊娠を支えるためのもので、栄養分などを貯め込む力をもっている。甘いものを無性に食べたくなったり、ときには急に食欲が減退したり、便秘や下痢気味になったり、水分をうまく排泄できなくてむくみが出たり、吹き出もの、肌荒れ、肩こり、腰の痛みなどが起こりやすく、気分の面でも不安定になりがちである。私は「貯め込むホルモン」と言ったりしているが、何となくからだが重くすっきりしないようである（黄体は、妊娠がなければ約一四日後、白体に変わる）。実はこの時期、つまり排卵後三日もすれば（基礎体温を測っていれば高温期となり）、女性の体内には卵子はいないわけで、次の排卵の兆しがあらわれるまでは受精しないのである（俗に言う「安全日」とはこの時期のことを指す）。しかし、この時期は性的な感情は積極的には起こりにくく、むしろネガティブになりやすい期間である。このことについて両者の間に意思疎通を欠くと、思わぬトラブルが生じることがある。特に、多量に分泌されていたプロゲステロンとエストロゲンが双方ともに急激に減っていく高温期の後半、とりわけ月経前にはさまざまな心身上の不調に見まわれやすい。

月経前症候群（ＰＭＳ：Pre Menstrual Syndrome）と言われるものは、そのあらわれ方にも程度にも個人差があるが、イライラしたり、落ち込んだり、人間関係が面倒になったり、攻撃的

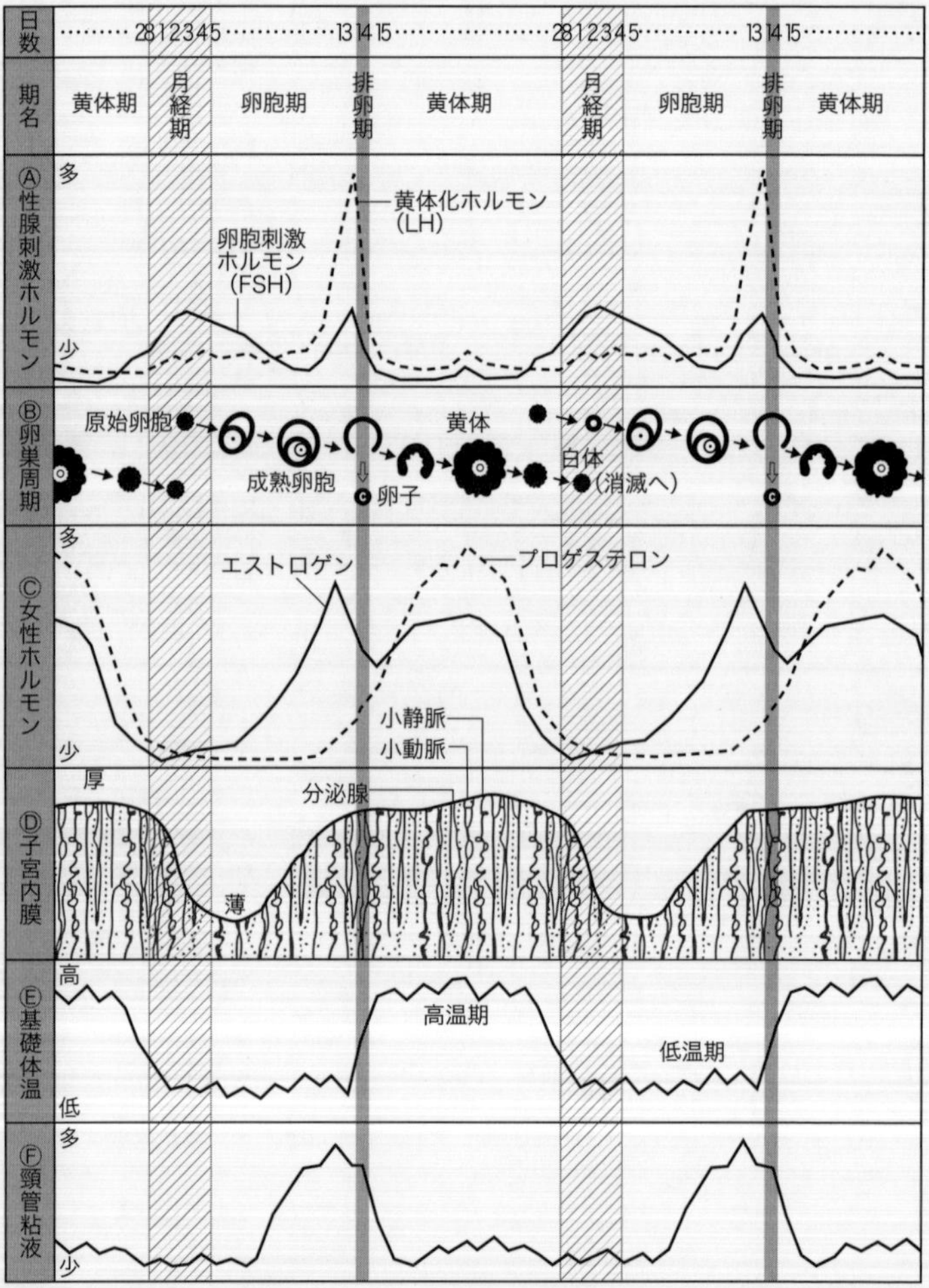

（出典：日本性教育協会「現代性教育研究月報」編集『性教育用語解説』）

図 11　月経周期と排卵にかかわる女性の生理の変化

になったり、積極的に何もする気がなくなるなど、まさしく憂鬱な時期と言えよう。こうした症状に対してさまざまな治療法もあるが、男性は自分が体験しないこのような状態に対し、まず女性特有の生理のリズムとそれに伴う心理の変化について学ぶことが重要であり、そのことが柔らかな関係づくりにとって不可欠である。女性もまた自身の生理を把握して自分の心理をコントロールしようとしたり、男性に対して自分の状態を伝える力をもつことが大切である。

このように、月経周期という男性にはない生理のサイクルを生きる女性のからだとこころをどう理解し、つきあい、コミュニケーションしていくか、生理のしくみや変化（図11）についても学んでみればその見事さに目を開かれるのではないだろうか。この項の内容を

●図11の解説——月経の周期と排卵

Ⓐ性腺刺激ホルモン：脳下垂体から分泌される2種類の性腺刺激ホルモンFSH（卵胞刺激ホルモン）とLH（黄体化ホルモン）の量の増減を示す。

Ⓑ卵巣周期：FSHとLHの刺激によって起こる卵巣内の変化。眠っていた原始卵胞が、FSHによって目ざめて成長し、LHの刺激で排卵する。その後、黄体となり2週間後に寿命がつき小さく縮んだ白体となる。

Ⓒ女性ホルモン：卵巣から分泌される女性ホルモンの量を示す。卵胞細胞はエストロゲン（卵胞ホルモン）を、黄体になってからはエストロゲンとプロゲステロン（黄体ホルモン）を分泌する

Ⓓ子宮内膜：子宮内膜は、卵巣からのホルモンの刺激により増殖、肥厚して妊娠に備える。成熟した卵が受精し着床しないと、黄体は退化してホルモンの量を減らし、内膜がはがれ落ちて血液と共に流出する。これが月経である。

Ⓔ基礎体温：プロゲステロンは体温を上げる働きがあるので、排卵後黄体ができれば、基礎体温は高温相を示す。

Ⓕ頸管粘液：子宮の出口の頸管腺から分泌される粘液の量の変化。エストロゲンの作用で分泌は亢進する。

（宇野　賀津子）

一つの材料として、もっと密に交流しあうことでよりよい関係づくりに取り組んでほしいと思う。

(5) ピルと避妊のこと

ピル（経口避妊薬）を飲むとなぜ妊娠しないのか、意外にこのことが正しく理解されていない。男子学生など、セックスの直前に飲めばいいと思っていたなどと、冗談かと思うような発言をすることが珍しくないほどである。

ピルによる避妊の原理は極めて単純明快で、合成ホルモン剤であるピルを飲むことによって、体内にエストロゲンやプロゲステロンがあるというサインを視床下部に送るのである。すると、脳はそのサインを受けとめて、卵胞刺激ホルモンを卵巣に送ることをやめてしまう。そうなれば、次の卵胞が成熟して排卵することがない。排卵がなければ受精はない。このような原理で、ピルを飲み続けていれば間違いなく妊娠しないのである。ただし、飲み忘れれば妊娠の可能性がにわかに生ずることは言うまでもない。このため、月経の初日から二一日間飲み続け、七日休んだ後ふたたび飲み始めるわけで、これによって月経のリズムが定期的になったり、体内のホルモン量が自然のままにしておくよりは少量で効果が生じるので経血量も少なくなるのである。これらのことは、ピル服用による副効用と言われている。

一方、副作用と言われるものについてであるが、ピルを飲むことであらわれる妊娠初期状態（吐き気、嘔吐など）、また頭痛、だるさ、乳房痛など月経前症候群に似た症状が起こることがある。

こうしたことも起こり得るので、喫煙習慣のある人は適用外であると同時にピルを処方される前に検査が必要であったり、飲んだ後の状態によってピルの種類を変えるなどの方法も検討されなければならない。

また、近年（二〇一二年）、性交後避妊薬が認可された。性交中にコンドームが破損したとか、暴力等によって不本意な性交を強要されたなど、妊娠の確認を待つまでもなく妊娠を避けることを決断した場合、性交後七二時間以内に服用することで受精卵の着床を防ぎ、妊娠を避ける方法（八〇%ほどの効果）である。これはホルモン含有量が多い薬剤であるため、高額になるばかりか副作用もかなり出る場合もあるが、緊急時の避妊法として、万が一のときを考えて知っておく意味がある。

(6) ホルモン分泌と自律神経

男性とは違って、女性にはホルモン分泌にリズム、波があり、それが月経や排卵などを促していることはすでに述べた。脳と卵巣のコラボレーション（共同作業）について知ることは、女性のからだ、こころの変化を理解する上で欠かせないことである。

このホルモン分泌の中枢である下垂体は、間脳の視床下部からの指示で活動するのだが（次頁図12）、視床下部は自律神経の中枢でもある。自律神経は、交感神経と副交感神経に分かれていて、いずれも全身の臓器に及んでその活動を調節している。例えば心臓の脈拍は、日中の活動量の多いときには交感神経がはたらいて拍動を増やし血液を活発に全身にめぐらせるが、夜寝るときには副交感神経がはたらいて拍動を減らす。こうしたことがその人の意思と関係なく自律的に行なわれているからこそ、私たちは安定した日常生活を送ることができるのである。

ところが、この調子に狂いが生じると、夜中ににわかに動悸が始まって眠れなくなったり、日常生活に支障をきたすことになる。こうしたことを自律神経の失調と言ったりするが、その原因の一つにホルモン分泌のトラブルが考えられる。また、逆に強度の不安や恐怖、心配事が続くとホルモン分泌に影響を及ぼし、例えば排卵が早く起きたり、思いがけなく早く月経が始まったり、あるいは月経がなかなかこなくなったりするなど、自律神経のはたらきとホルモン分泌には深い関係があることは知ってお

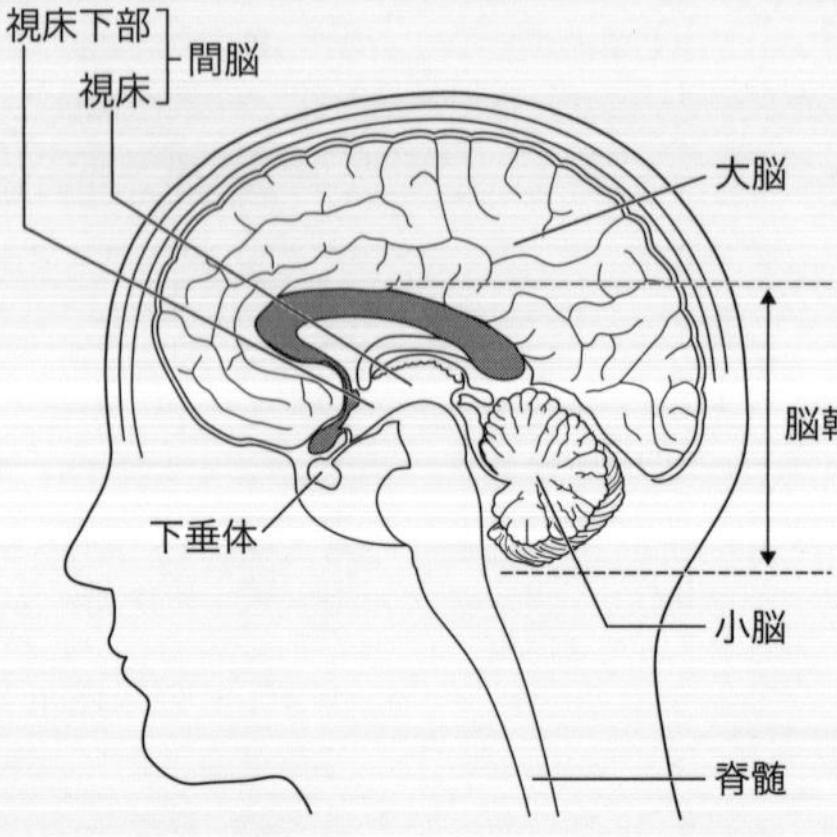

図12　脳の縦断図

いた方がよいと思う。思春期や更年期には、このホルモンバランスの不安定な状態が数年にわたって続くことがあり、ふたたび安定が回復するのはそれぞれ青年期、老年期なのだが、そうした人生の大きな転機ばかりでなく、時々起きる体調の変化を「わけのわからないこと」としておそれるのではなく、「ある程度わけのわかること」として対応する、場合によっては診療もためらわないことなど、健康に生きる知恵として理解しておくとよいと思う。

このようなこと、つまり人間の自然のしくみ、その自然の見事さ、いのちへの畏敬、女性の性と生への慈しみなど、学ばなければほとんど気づかないで人生を送ってしまうに違いない。考えてみれば、それはとても残念なことだと思う。と同時に、女性自身がよく知るのは当然だが男性として、パートナーとして、こうした事柄に関心をもち、かかわり方を考えることは、柔らかな関係づくりにとって、そして自分の人生にとっても、重要な意味をもっているのではないだろうか。

3——「月経」について学んだ大学生の声

この章の趣旨のもと、私は大学生にあらためて「月経」についてかなり丁寧に取り上げて講義を行なった。以下は、そのときの学生たちの声であろ。

(1) 男子学生の声

A. これほどまでに整然と女性の体のリズムについて考えたことがなかったので、非常にためになる経験でした。

女性がいかに不安定な体調を日々表に見せず、男性と同様に生活しているのは尊敬できることです。こういったことを詳しく学ぶことによって女性を尊重し、大切にしながら接していくことにつながります。今回が自分にとって一番人生にプラスになる授業でした。

B. 女性の体のリズムについて初めて知りました。男性からは生理はどのような痛みがあって、どのような気分になるのかわからないのですが、絶対に男性の体よりも複雑で大変なのだと知りました。彼女が理由もわからず、不機嫌になっているのは、もしかしたら黄体期に入っているのかも知れないとわかり安心しました。その大変さを学べたので彼女がもしつらそうだったら体をいたわってあげたいなと感じました。

C. ここ数回、月経を取り扱っているためすごく助かっています。中高と月経についてしっかりとした知識を教えてもらってこなかったので（男子校だったからかもわかりませんが）女性の体について噂程度の知識しかありませんでした。なので異性のことを共感できなくとも理解してあげられるようになるのはとても喜ばしいことと思います。

D. 今日講義を聞いて、男性と女性のからだというものがずいぶん違っていて、自分と同じだと思って接してしまうと相手を傷つけてしまうことがあるので、きちんと相手を知ることは、大切なことなんだと再認識させられた。女性についてきちんとした知識をもつことはお互いにとって大事なんだと思った。

E. 僕には彼女がいて、デートしている際に、しばしば頭が痛い、おなかが痛い、気分が悪いと言う。女性だから生理的なものでしょうがないと思いつつも、せっかくデートしているのにそんな話ばかりして何考えてんだ、などと感じていたが、今日の授業でそれが月経前症候群だということで詳しく知り、大変勉強になった。女性によって大きく症状に差があり、彼女は症状が強い方のようなのでもう少し優しく接していかないと思った。

F. つきあってもうすぐ2年になる彼女がいます。けんかをしたことは何度かありますが、その都度向き合って和解してきたから彼女のことは、全部知り尽くしていると思っていました。しかし、彼女のからだの中で毎日めまぐるしく黄体期や排卵などの変化が起こっているとは理解不足な部分がありました。この授業を受けるたび、知らなければいけない知識が増え、彼女を大切にしようと思います。

G．本日も貴重な講義をありがとうございました。今回の講義も非常に衝撃的な内容でした。月経や黄体期などのサイクルは、恥ずかしながら初耳でした。毎日、自分の無知に気づかされます。これからもこういった知識を得ていきたいのでよろしくお願いします。

H．月経周期という言葉は聞いたことがあったが、今日初めて詳しく知って、女性のからだの神秘、リズムに驚いた。そして今までパートナーに可愛そうなことをしたことを反省した。時々パートナーが性交に乗り気でないことがあり、それに対してむしろ興奮して無理に行為してしまうことがあった。今、思えば本当に嫌な思いをしたと思う。これから二人で月経周期を考えたり、気持ちを伝えあって互いに理解を深めたい。

(2) 女子学生の声

A．私の場合は、PMS（月経前症候群）がかなりひどく、頭痛や気分の落ち込みが激しくなったりするので、同じくこの講義を受けているパートナーがこの話を聞いて理解してくれたらと思う。自分ではなかなかうまく説明できないため、今日のようにしっかりとしたメカニズムを示しながらの説明が授業でなされることで、PMSが「単に女性のわがまま、感情的だからそうなるんだ」とならず、しっかりと根拠のあるものだとわかってくれたら嬉しい。

B　自分は、女性なので月経周期やそれに伴う体調の変化などは理解しているが、男性はよくわからないと思う。

この講義は、男性の多くが受講しているので、女性のからだのことを理解してもらえるのはいいことだと思った。パートナー間でこのことが理解できれば、性の関係ですれ違うことも減らせると思う。

4――性の多様性について認識することの重要性
――いろいろな人、いろいろな性、そして自分

これまで長い間、この世の中には男と女という二つの性別しかないとされ続けてきた。そして、その男と女が愛しあうのが自然であり、当然であるとされてきた。いわゆる、性別二分論と異性愛主義である。この考え方に根本的な疑義が示され、長く困難な取り組みの末、例えば性別適合手術（手術によって性器を脳の性別に適合させること）が合法的に行なわれるようになった。わが国でも、二〇〇四年から条件付きで戸籍上の性別を変更することが可能になり、すでに三六〇〇人もの人びとが変更している（二〇一二年末時点）。また、異性愛主義に基づく同性愛者への非難、迫害も長く続いたが、いまや同性同士の結婚を合法化した国は世界で一四ヶ国に及んでいる（二〇一三年四月現在）のである。しかし、わが国にはそうした動きは十分に始まっていない。

さらに、性器や性腺あるいは性染色体の分かれ方が多様で、中にはどちらかの性別に明確に分けられない状態で生きる人たちがいる。この人たちは「半陰陽」とか「両性具有」とか言われてきたが、その表現には差別性が窺われるとして「性分化疾患[〈注1〉]」という呼び方に統一された。性器、性腺、性染色体の分かれ方は決まりきっておらず、七〇種以上の組み合わせがあるとされるが、重要なのは性器の状態が男女どちらに近いかということではなく、自分自身をどちらの性別と認識するのかということである。このことに関して、性別を表わす記号として「M」「F」でなく、「X」というジェンダー表現を承認する国もあらわれている。

このような動きもある中で、当事者からは性分化疾患という呼称自体に対しても異論が出されているという。性別は分かれるものだということ、その分かれ方は決まりきっていないということ、この二つのことが性別を考える上でのポイントと言えよう。これからの性教育を考える上で、性と性別にかかわる誤解と偏見を正し、性の多様性についての理解を深めることが不可欠と考え、この項目を設けた。

〈注1〉欧米ではDifferences of Sex Development（DSD：性に関するさまざまなからだの発達状態）と言われている。
『SEXUALITY』No.64所載のヨ・ヘイル氏の論稿参照。

(1) からだ（性器）の性別とこころ（脳）の性別の不一致

まず、表7を見ていただきたい。これは、岡山大学ジェンダークリニックで診断を受けた人一

表7　性別違和感を自覚し始めた時期

	全症例（n=1,167）	MTF（n=431）	FTM（n=736）
小学入学前	660 (56.6%)	145 (33.6%)	515 (70.0%)
小学低学年	158 (13.5%)	67 (15.5%)	91 (12.4%)
小学高学年	115 (9.9%)	56 (13.0%)	59 (8.0%)
中学生	113 (9.7%)	74 (17.2%)	39 (5.3%)
高校生以降	92 (7.9%)	77 (17.9%)	15 (2.0%)
不明	29 (2.5%)	12 (2.8%)	17 (2.3%)

MTF：心は女性、体は男性、FTM：心は男性、体は女性
（出典：教育医事新聞、2011年4月25日、中塚幹也氏へのインタビュー記事より）

一六七名の内訳である。私がまず驚いたのは、小学校入学以前にすでに六六〇名、全体の六割近くの人が診察に訪れていることであった。そして、中学生時代までにほぼ九〇％が性別違和感を自覚し始めている。もちろん、違和感をもつことがただちに「性同一性障害」とされるわけではないが、重要なことは性別意識というものは生まれつき確固としてあるのではなく、「揺れ動くもの」「不確かなもの」であるということ、このことを周りにいる大人、親や教師が知っておくこと、そして性別に関して柔軟な対応を心がけることは今後必須となった。今、このことに関して文部科学省・学校が、子どもの事実、実態に柔軟な理解を示す動きをしているのは喜ばしいことである。二〇〇六年に兵庫県の小学生男子が女子として受け入れられたり、二〇一〇年二月には鹿児島県で中学一年の女子生徒が新年度（二〇一〇年四月）から男子として通学することが認められたりしている。同じく二〇一〇年に埼玉県の小学二年の男子が学年中途から女子として登校を認められたなどと、新聞は報じている。

中塚氏は、「毎日新聞」のインタビュー記事（二〇一〇年四月

一九日所載）で、「受診者六六一人を調べたところ七割は自殺を考え、二割は自傷・自殺未遂の経験がありました。四人に一人は不登校を経験し、八人に一人が小学校段階で自殺を考えていたことがわかった」と述べている。あらためてその苦悩の深さに思いが及ぶ。

考えてみれば、自分が男であるとか、女であるかないかは、自分で決めたわけではない。出産の手助けをした助産師そして医師が、股間の外性器の形を見て判断し、それを親に伝える。伝えられた親は当たり前のようにそれを信じ、予め用意しておいた男児用あるいは女児用の名前とともに役所へ届け出る。そうして戸籍に記載された性別は、生涯変更できなかったのである。そのような年月がいかに長かったか、それを思えばここ十年、二十年ほどの変化は実にめざましいものと言える。私たちはこの変化をしっかりと受けとめ、理解を広げていかなければならない。

アメリカ精神医学会が示した「精神疾患の分類と診断の手引」（ＤＳＭ‐Ⅳ）によれば、性同一性障害について、子どもの場合、以下の四つ（またはそれ以上）のような形で障害があらわれるとしている。

①反対の性になりたいという欲求、または自分の性が反対であるという主張を繰り返し述べる。

②男の子の場合、女の子の服を着るのを好む、または女装をまねるのを好むこと。女の子の場合、定型的な男性の服装のみを身につけたいと主張すること。

③ごっこ遊びで反対の性の役割をとりたいという気持ちが強く持続すること、または反対の性であるという空想を続けること。

④反対の性の典型的なゲームや娯楽に加わりたいという強い欲求。
⑤反対の性の遊び友だちになるのを強く好む。
一方、現在の自分の性に対し持続的な不快感、またその性別役割について不適切感を抱くとある。男子の場合、自分の性器は気持ち悪いとかペニスなどない方がよいと主張する。また、乱暴で荒々しい遊びを嫌悪したり、そうしたゲームや活動を拒否したりする。女子の場合は、座って排尿するのを拒絶したり、乳房のふくらみや月経の始まりに強い否定感を示す、または、普通の女性の服装を強く嫌悪する、などと記載されている。

その子どもが性同一性障害であるかどうかは、教師が判断できることではないし、すべきことでもない。しかし、ここに書かれているようなことについて教師が敏感になり、子どもの悩みを受けとめ、場合によっては専門家やピアグループ（同様の悩みや感覚を共有する人たちの集まり）などにつなげるという考え方をしっかりもっておきたい。と同時に、「制服」のこと、「トイレ」のこと、更衣室をどうするか、体育や音楽の時間の性別の扱い、部活動のこと、宿泊を伴う行事の際の入浴、部屋割、さらに、日常的には「くん」「さん」など性別呼称、加えて性別名簿などについてもあらためて検討することになるだろう。

その際、子どもの個別の要求に耳を傾けることを忘れてはならない。例えば、「男の子として扱ってほしい」という要求が出された場合、「だったらすべて男の子として」一律に扱うことでかえって抑圧が増すことも考えられる。きめ細やかな対応を心がけるべきである。いずれにせよ、この問題をきっかけにして、「性」にかかわる学習の機会をあらためてしっかりつくるよう集団的検討を急がなければならないと思う。これは、まさしく子どもの人権問題であるのだから。

(2) 誰が誰を愛するかは当事者の自由と人権の問題

まず、図13を見ていただこう。毎日新聞に掲載されたものだが(日高康晴氏の調査に基づいたもの)、いかに多くのゲイ、バイ・セクシュアルの男性が自殺を考えたり(六割強もの)、実際に自殺未遂を経験(一五%以上)しているなど、その実態が示されていて暗然とならざるを得ない。性愛の対象が誰に向かうのか、それは当人の自由と人権の問題であって、両者の了解だけあればよいことである。他人や法律があれこれ指図したり、評価したりする問題ではない。この至極当たり前のことが当たり前に通用してこなかった。実に長い間。そして、同性を愛するという理由だけで、無数とも言うべき多くの人たちが迫害され、追放され、殺されたりしてきたのである。しかも、それはすべて過ぎ去った出来事ではない。なぜ、それほど理不尽な目に遭わねばならなかったのか。その主な理由は、性否定の宗教的倫理観にある。性の快楽を人間世界の堕落、混乱、腐敗の根源と考え、罪悪とした宗教は、しかし、「子産みの性」だけは認めざるを得なかったし、むしろ礼賛さえした。その結果、男と女の婚姻関係内の、若い、子産み・子育てが可能な性のみが「是」とされ、子産みにつながらない性は「罪」「価値なきもの」とされた。

切り捨てられたのは同性愛だけではない。婚姻関係外の、子産みから無縁の年老いた、あるい

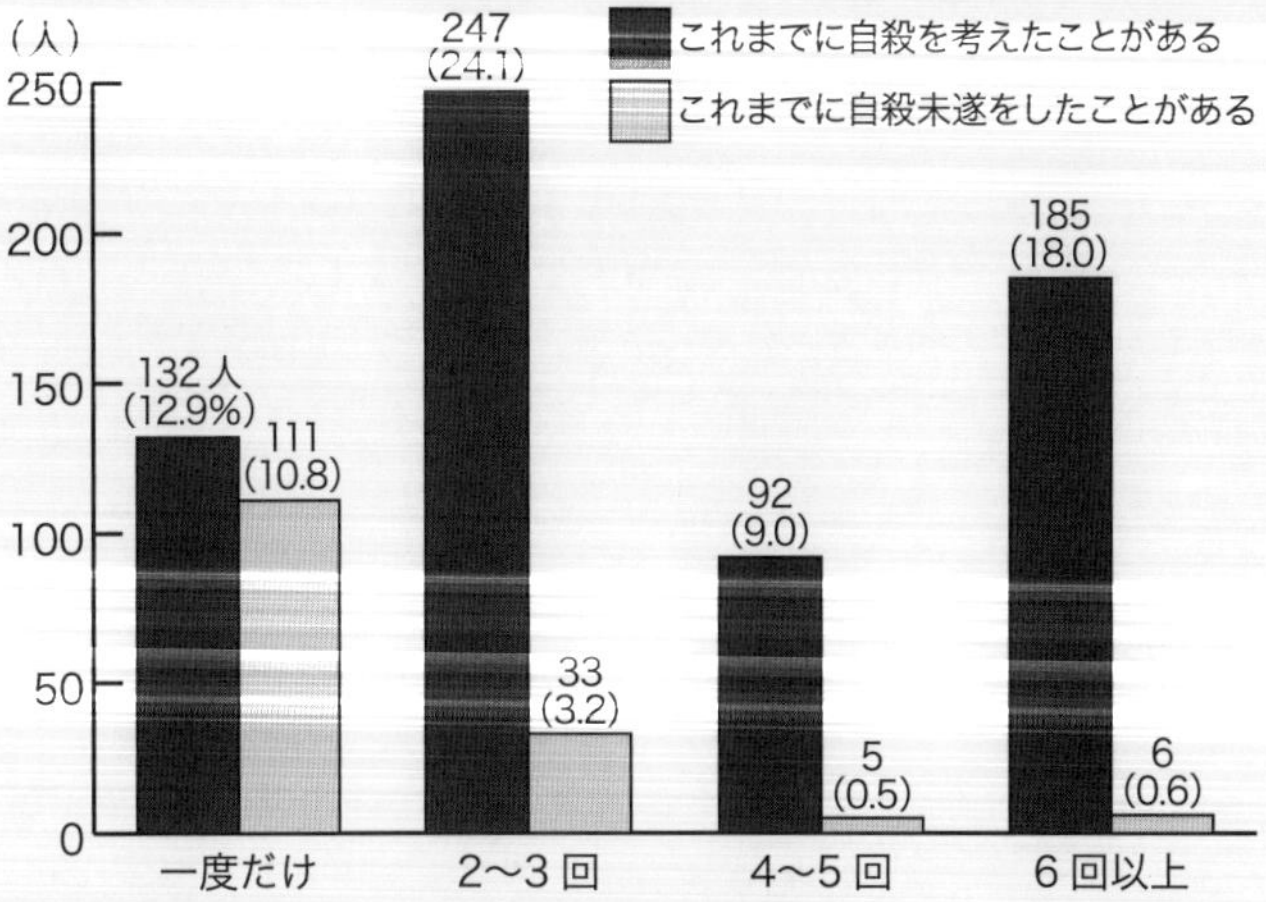

（出典：毎日新聞、2001年7月26日夕刊より）

図13　ゲイ・バイセクシュアル男性の意識調査

は重い障がいなどのため子育てが困難とされる人びとの性も切り捨てられてきたのである。こうした社会環境が長く続く中で、人びとの意識の中に根深くリプロダクティブ・バイアス（Reproductive Bias、性を生殖においてのみ正当とする偏見）が「常識」として植え込まれていったのである。

しかし、それでも少しずつ性を人権の問題とする考え方が広がるにつれて、必ずしも婚姻関係にこだわらない（婚姻関係そのものを結ばない生き方も認められてきた）性が、次第に受け入れられるようになったり、高齢者の性もむしろ望ましいこととさえ考えられるようになったり、障がい者の性や結婚についても、これを支えていこうという考えが少しずつだが広がったりしている。こうした、性と人権を結ぶ考え方と運動の広がりを受けて、

表8　同性婚・同性愛に対する各国の対応

■同性婚を認める国

米　州	カナダ、アメリカ（連邦と首都及び50州中13州）、メキシコ（首都、キンタナロー州）、ブラジル（一部州。最高裁で合法性係争中）、アルゼンチン、ウルグアイ
欧　州	ポルトガル、スペイン、フランス、アイスランド、ベルギー、オランダ、デンマーク、ノルウェー、スウェーデン
アフリカ	南アフリカ
オセアニア	ニュージーランド

■同性愛が違法の国

中東・アフリカを中心に76ヵ国（2011年）

最高刑が死刑	サウジアラビア、イラン、イエメン、モーリタニア、スーダン、ソマリア
禁錮14年～終身刑	シエラレオネ、ウガンダ、タンザニア、ザンビア、パキスタン、バングラデシュ、マレーシア、ガイアナ

国際レズビアン・ゲイ協会、米ピュー・リサーチ・センターなどの資料より作成

（出典：毎日新聞、2013年6月28日朝刊より）

ヨーロッパを中心に宗教倫理と教育・政治を分離する取り組みが浸透してきつつある。この項の冒頭に述べた、同性婚を承認する国の拡大（二〇一三年六月、アメリカも承認に向かい始めた）は、その象徴的な出来事である。それに対し、イスラム諸国の中には、宗教と法律が一体であるためにいまだに同性愛は犯罪視されていて、実際にそのことを理由に罪人扱いされ、国によっては懲罰（中には死刑も）が加えられているのである（表8）。

わが国はどうであろうか。わが国では、少なくとも江戸時代までは、同性愛は異性愛に至る通過儀礼のような意味も含めて、当たり前のことのように扱われていた。実際に、武家社会や僧侶の世界などでは、普通の風習として行なわれていた。

それが異常視されるようになったのは、明治以降、キリスト教をはじめとしてヨーロッパ文明を取り入れる中で、それまでの風俗習慣を野蛮なものとして捨て去る過程で生じたものと言えよう。ただ、わが国では欧米のようにキリスト教の倫理観が生活の隅々にまで浸透していったわけではなく、同性愛を犯罪とするようなことはなかった。その意味では、性倫理に関してかなり許容的な文化をもった国と言ってよいだろう。しかし、そのことは逆に、「性のことを人間存在のあり方とかかわって深く考える」ことをせず、人格外の問題として軽くあるいは風俗上の出来事というか一現象として扱ってしまうという問題を抱え込んでいると思われる。近年、メディアの上で可視化されつつある性的マイノリティの人たちの扱い方にもそのことが窺われるのではないか。

あらためて、同性愛等、性的指向の問題を人権問題として教育や政治、法的扱いのテーマとして取り上げていく必要性があると思う。昨今、性的マイノリティとされるLGBT（Lesbian Gay Bisexual Transgender）の人たちの活動が盛んに行なわれるようになってきている。こうした背景の一つに、二〇一一年に国連人権理事会で「人権と性的指向・性別自認」と題する決議が採択され、当時の理事国であった日本もこの決議に賛成票を投じたことがある。この決議は、性的指向や性別自認についての人権侵害を直接的に非難するものではないが、世界各地で起きている性的マイノリティへの差別や暴力行為を懸念し、人権侵害状況の調査の要請とそれをめぐってのパネル討議の開催（つまり今後この問題を人権問題として討議する根拠を得た）について決めたのである。〈注2〉

また、国内では「人権教育及び人権啓発の推進に関する法律」(二〇〇〇年制定)に基づいて法務省が策定した「人権教育・啓発に関する基本計画」の中で、同性愛者への差別といった性的指向にかかわる問題について、その解決に役立つ施策の検討を行なうとした。また、法務省・文部科学省による『人権教育・啓発白書』(二〇一一年度版)でも、「その他の人権問題」として性的指向を理由とする偏見・差別をなくし、理解を深めるための啓発活動や、性同一性障害者の人権を保障するための取り組みの必要性を説いているのである。こうした底揺れとも言うべき変化は、今後、人権教育・性教育における「性の多様性」学習の励ましになっていくに違いない。

同性愛者は、いつの時代にも、どこにもほぼ五%くらい存在すると言われている。とすれば、当然どこの学校にも、どこの教室にもそうした性的指向をもつ人、子どもがいることを前提として教育についても考えなければいけない。したがって、可能ならば授業として取り上げる努力をすることはもちろんだが、例えば職員室の机の上に性的マイノリティに関する本を置いておくなどのアピールをすることも、当事者にとっては安心できたり、何かの機会に相談しようという気持ちになれたりしてとても嬉しいと聞く。そして、相談をもちかけられたらしっかりと聞くことはもちろんだが、ピアグループを紹介するなど孤立させないことが重要である。

いろいろな人間、人間の性の多様性の気づきは、自分の中の多様性や、より柔軟で豊かな自分自身の生き方への道をひらいていくことにもなるであろう。

〈注2〉『SEXUALITY』№53所載の谷口洋幸氏の論稿「セクシュアルマイノリティの人権に関する国連決議」参照。

第9章

「性教育のこれまでとこれから」そして「その後」

1——一覧で見る、性教育のこれまで、これから、その後

私は、一九九〇年に『性教育のこれまでとこれから』(大修館書店)を上梓した。二四年前のことである。当時、この本を書こうと思ったのは、その頃わが国でも性教育を本格的に始めなければならないという気運が生まれ(実際に九二年には、「性教育元年」と言われるような小・中学校の学習指導要領の改訂があった)、あるべき性教育について論議が行なわれるようになっていたからである。私は、そうした新しい気運の中で「これから」の性教育のあり方を見つけ出すために何らかの貢献をしたいと思った。そして、「男女平等の時代」「性的自己決定の時代」「人生八五年時代」という三つの時代認識の柱を立て、二七項目にわたって「これまではどうであったのか」「これからどうあったらいいのか」論述した。

今ここに、あらためてその内容について一覧表として示し(表9)、ご批判を仰ぎたい。それとともに、一九九〇年から二四年を経た今日、一体何が変化し、どんな新たな課題や観点(変化の見方)が求められているのかを「その後」という形であらわしたいと思った。また、その記述の意図を明らかにするために、項目・テーマに応じてそれぞれ見解を述べようと思う。

表9　性教育のこれまでとこれから、その後

項目・テーマ	これまで	これから	その後
①月経指導	女子のみ対象。スライド・ビデオ依存、母になることの強調。	男女共修。具体的な悩みやトラブルも取り上げる。大人になっていく、自然で健康なこと。	月経不順、月経痛などが起こるわけ、月経前症候群（PMS）などホルモン分泌の急変に伴う生理・心理上の変化について理解し、性と健康に向き合う学習の機会とする。男子にも必要。
②性　差	女と男は違う生きもの。男女の心理などを固定的、類似的に扱う。	女と男は似ている。性差よりも個人差や個性に注目させる（女も男もいろいろ）。	両性具有的な存在としての人間観に気づかせ、その多様なあり方をグラデーション（段階的に変化しているもの）として理解させる。
③性役割	性役割分業の肯定・礼賛。「特性」という名による「区別」。	性役割の克服、補完、交代に積極的に導く。パートナーシップに着目。	Gender-roleを「性別役割」として表現したい。
④性　交	基本的に扱わない。扱う場合も受精など生殖の性に限定。	生殖の性はもとより、ふれあいを核とした楽しみあう性、コミュニケーションの性についても取り上げる。	性交を性行為のさまざまなバリエーションの一つとして考えさせると同時に互いのプライバシーを明け渡すほどの、人生において、関係性において重要な意味をもつ行為として理解させる。そして、慌てない、急がないように示唆する。
⑤性の快楽性	否定、隠蔽。	肯定、性のもつ重要な意味として、そしてその難しさについても（相互性）。	生理的な快感・快楽だけではなく、心理的な快感・快楽＝安心感、一体感、癒しなどについても取り上げ、人間の性の本質としての快楽性についてポジティブに考え、表現する力をもつことが性の健康にとって重要な要素であることに気づかせる。

項目・テーマ	これまで	これから	その後
⑥避　妊	遊びの性と結び付けて詳しく扱わない。知ると悪用すると考える。	曖昧さを残さない正確な知識。知識とともに人間関係が決め手。性に関する大切な能力。知って使えば活用。	経口避妊薬の認可、さらに緊急避妊薬の認可など避妊事情は変わりつつある。使用する、しないは本人（たち）の問題だが、副作用、副効用また健康な生活のための利用など正しくとらえる力をつけたい。
⑦人工妊娠中絶	犯罪、人殺しという言葉を使ったり、不妊などの後遺症の強調。女性へのたたりなどの脅し。	悲しいことだが、大切な選択としてあるべきこと。自分のことは自分で決める、そして早い決断。人間関係の見つめ直しへ。	
⑧出産・出生、生命の誕生	神秘、奇跡への傾斜、母への感謝、母子一体の賛美。	生命の科学として見つめさせる。生命のしくみ、システムの見事さ、感動。母子の共同作業、周囲の援助。	「誕生」は「育児」のスタートであること、つまり出産と育児を一セットとしてとらえさせる。また、従来の内容に加え「不妊」についても取り上げ「産めない」可能性についてふれる。さらに生殖技術についても考えさせる。
⑨母性について	本能的に女性に備わったもの。女性＝母性の美化、絶対化。	本能ではなく、つくられるもの育つものとしての母性、そして父性。	母性・父性のあらわれ方・あらわし方は個性的で多様であること。また、男性にも母性の自覚や表現の可能性が十分にあることも指摘する。
⑩結婚・離婚	結婚万能＝幸福。離婚＝落伍、非難、悪。	結婚も一つの選択、努力によって育てあうもの。多様な共生のスタイルの一つ。離婚＝悲しみを乗り越えた再スタート。	一人で生きることを基本としたライフスタイルをベースに「結婚」という選択的人間関係について認識を深めさせる。世に多い「カップル幻想」についてもふれる。また情緒的絆、性的絆について考えさせることが不可避になってきた。
⑪家　族	生む・生まれる、血のつながり。ハッピーで当たり前。自然にわかりあえるもの。	育て・育てられる、さまざまな形の家族。育て・育てられる相互関係の中で創造される人間への理解の学習の場。社会の諸矛盾の吹き溜まり。育てあうもの、そしてやがて解体、再編するもの。	ステレオタイプ（決まりきった形）的な家族から、構成も多様化し、家族の意味も複雑化してきた。一人ひとりがどうあるべきか共同のあり方を追求していく時代である。

⑫マスターベーション	⑬性情報・性文化	⑭中高生の性交	⑮生徒指導の考え方（性に関して）	⑯トラブル・失敗（性に関して）のとらえ方	⑰男女関係の見つめ方
やむを得ないことだが、し過ぎない方がよい。女子はしない方がよい（もっと以前は、してはいけないことであった）。	ポルノ、エロスなど性や裸体に関するものを一括して否定。	否定、不純、遊び、非行視。	学校生活との両立を認めず、学習権の剥奪へ。善か悪かを裁く。	敗北。落伍、傷。マイナスとしか見ない。	危険性、トラブルの意識と強調。隔離（近づかせない）。
一つの性行為・性表現として肯定して受け入れさせる。男女ともに自己の性やからだになじみ、愛着を深める積極的な意味がある。	対等性、相互性、人権の視点で見分ける力、感性を育てることを課題とする。	自己決定に任せる。自己決定力を育てる意味からも学習の重視、実りあるものへ。	プライバシーを尊重し、自己責任の立場で指導、援助。生活全体の見つめ直し、幸か不幸か（本人にとって）考えさせる。	失敗はしない方がよいが、それもプラスにできる。一つの経験として受け入れ、励まし、立ち直らせる。	共生へのトレーニング、人間関係を育てる観点で見つめさせる。
長い人生でパートナーがいつもいるわけではないし、パートナーをもたない選択・生き方もある。この意味からも性の自己管理としてのセルフプレジャー（自己快楽・自体愛）の観点をしっかりもたせる意味は大きい。	メディア・リテラシーの観点を明確にもてるようにする。幻想と現実を混同させないことを一つの「能力」として重視する。	善悪の観点からではなくそれがもたらす幸・不幸について考える方向を示す。相手の「決定」を侵害しないことが自己決定の尊重と同義であることの確認。選択としての「ノー・セックス」の意味を深める。			「男女」のみならず「性をめぐる人間関係」というように意識を広げる。その上で恋愛という名の支配・従属、デートDVなどを取り上げ、どう考え、対応するべきか考える。レイプ、セクシュアル・ハラスメントなども扱うことになろ。被害者の声をできるだけ丹念にすくい取って知らせていくことが指導のポイントである。

項目・テーマ	これまで	これから	その後
⑱障がい者の性・高齢者の性	性的存在として見ない、無視する。またその性表現を軽蔑する。	人権や生きがいの立場から積極的に位置づける。障がい者の場合、妊娠、出産、育児の手助けや保障について考えさせる。	こうした人たちへの偏見の根に「リプロダクティブ・バイアス」（性を生殖においてのみ正当とする偏見）がありはしないかなど、考えを深め、人権としての性への理解を広げる。
⑲売買春	風俗としてとらえる。中には必要悪という考え方をする。女性への差別視、上下半身の分断。いずれにせよ教育のテーマにはしない。	搾取、性差別、人権を侵すものとして、社会のあり方と重ねてとらえさせる。具体的な売買春の事実を伝え、自らの選択力やモラルを育てる。	性はその人の人格の芯・人権とも言うべき問題である。このもっともプライベートな行為、性の自由を金銭でやりとりしなくてよい社会とはどんな社会なのか、難しいが考えさせていく。
⑳同性愛	否定、蔑視、差別視、風俗として扱う。	肯定、自由、多様な性表現を受け入れる。人権として扱う。	同性パートナー、同性婚姻を合法化する国が増えていることを知らせ、人権としての性の観点から理解を深める。
㉑男子の性	「狼」になぞらえる、攻撃的、衝動的。痴漢、強姦の可能性をにおわせて、警戒すべきものとする。	葛藤の多い性。いろいろな男性がいる。もろさ、弱さなどそれぞれの個性に気づかせる。妊娠させる性の意識化。	電話相談では男子の性をめぐる悩みが多数であるように葛藤が多く、悩み深い性である。また、ジェンダーの縛りも強く、自己中心性、攻撃性に陥りやすい。男子の性被害、精通、マスターベーション、その他これまで無視・軽視されてきたきらいがあり、これからの大きな課題の一つである。自らの性について肯定的に、丁寧に学ばせたい。
㉒少数者の性	「異常」として正面から取り扱わない。風俗として興味本位に取り上げ、蔑視する。	異常とか好奇の目で見つめるのではなく、人間の性の多様なあり方として考えさせる。	他の項目にも含まれるが、ＧＩＤ（性同一性障害）、トランスジェンダー、インターセクシュアルなど取り上げ、人間の性の多様性、豊かさ、自分の中の多様性に気づくことなど、人間理解の深まりに導く。

㉓性感染症 HIV／エイズを含む	感染の経路や治療のことよりも発症した性器を示したりして恐怖心を与え、性に近づかないよう警告するために扱われることが多かった。	感染症に対して正確に科学的に理解させ、理性的に対処するよう指導する。また感染から守るにはどうしたらよいかについて考えさせ、いたずらに恐怖心をもたせない。さらに感染者に対する偏見を育てないように特に注意する。エイズはもとよりクラミジア感染症、性器ヘルペスなど新たな感染症についても正確な情報を伝え、自らの性行動のあり方について考えさせる。	早期発見、治療によって日常生活に支障をきたさないほどになってきた現状をまず知り、恐怖と絶望の病といった偏見を取り除く。そして、発見のための検査や感染しない、させないことの可能性について自信がもてるようにする。「（エイズと、感染者と）ともに生きている」という現実に目を向けさせる。
㉔セックス観	本能の性、排泄の性というとらえ方をする。エゴイスティックで否定的。	さびしさ、ふれあいなど人間関係としてとらえる。学習、文化の性、学ぶことで深まる。	生殖の性、快楽の性、支配の性の観点からセックスの全体像をとらえ、自分の考えを深める。そして、相互性、対等性など関係の善し悪しがセックスのありようを左右することに気づかせていく。
㉕性への接近、親しさへの表現	性交にこだわる。	さまざまなコミュニケーションをイメージさせる（タッチング、ペッティング、会話なども）。	
㉖性教育への姿勢	なるべく知らせない、教えない。まだ早いとか知るとかえって好奇心を募らせると考える傾向が強い。	正しく深く知ることによって選択力が育ち、その結果かえって性行動に慎重になると考える。	さらに性の教育・学習の進め方として、「科学性」「関係性」「多様性」の三点を挙げ、旺盛な学びを展望したい。
㉗性教育の方向性	禁止、抑圧、近づかないようにさせたい。（二）に陥らない。問題行動を起こさない教育。	自己決定、自己選択の力、共生の力を育てる。いかに近づくか。（十）を重ねる。もっとも自分らしい性のあり方を考えさせる教育。	国際的な動向を受けとめて、ここまで述べた性教育の指標の根底を貫くものとして「性の健康」（セクシュアル・ヘルス）という見方・考え方を提示していきたい。

『性教育のこれまでとこれから』（一九九〇年）に掲載されたものに、それから二四年経った現在、「その後」として青年期の性的教養という形で修正・加筆した。

さて、「その後」について書くに当たって性や性教育をめぐる認識の柱として、二四年前のそれに加え、「性の関係性こそ問われる時代」、「性の多様性を許容する時代」、「ジェンダー平等が進む時代」の三点を挙げておく。この三つめの「ジェンダー平等」とは、以前の「男女平等」の発展である。この二四年間に性別二分、つまり、男性と女性という二つの性別に属さない人の存在をどう認知していくか、あるいは性同一性障害のことも含め、もはや「男女」ではなくさまざまな性別、さらに性別にこだわらないということも含めて「ジェンダーの平等」という表現が生まれ、定着に向かい始めている。この意を汲めば、以前の「男女平等」という表現は消すべきではあるが、そこまで一気にしてしまわず併用していく意味もあると考え、残すことにした。

2──性的教養としての学習のポイント

それでは、青年期の性的教養としての学習のポイントについて、表9で挙げた各項目の順に逐次解説していこう。

①月経指導

これについては、今日ではほぼ男女共修になっている。これは大きな変化であり進歩であるが、今後は一層、人生を健康に生きるという観点から、より科学的に、現実的に取り上げていくべきであろう。例えば、月経痛や月経前症候群などのトラブル（月経随伴現象）がなぜ起こるのか、どのように対応できるのか、鎮痛剤の使用について、ピルの使用の考え方、食事、入浴、下腹部を冷やさないなど生活習慣の見直し、さらに、婦人科やクリニックの受診についてもアドバイスが必要である。何よりも、女子自身がそうした具体的な学習を求めている。女子にしてみれば、人生の大半を月経とともに暮らすわけで、松本清一氏によればそれは生涯において六年半以上に及ぶのである。〈注〉

また、「男子にも必要」と書いたが、さらに「両性の関係性をよくする上で必須の課題である」としたい。実際に、男子大学生に月経について丁寧に学ばせてみると、びっくりするほど肯定的な感想が返ってくる。そのいくつかはすでに第8章で紹介しているが、「生きている女性について初めて理解できた気がする」とか「今までの女性観はわいせつな映像によってつくられたもので、彼女に申し訳ないと思う」「セックスも含めて彼女とのつきあい方を考え直さなければならないと思った」などと続く。つまり、互いの性・からだとこころについて理解することなしに、抑圧のない、打ち解けあった、柔らかな関係づくりは難しいということであろう。こうした意味を込めて、月経指導・学習は、あらためて重視すべき課題であると思う。

〈注〉「女性では月経が三五〜四〇年間あります。この間、一度も妊娠しなければ、一回の月経の持続日数を平均五日として、生涯に六年半以上も月経と過ごさなければなりません」（松本清一著『月経らくらく講座』文光堂）。

②性差・③性役割

この項目については、基本的に「これまで」の枠組みを越えて学習が展開されているとは言い難い。職業選択や家庭内の仕事分担など、性別役割を乗り越えるメッセージが教科書などにはかなり意識的に示されているが、社会・政治における取り組みが諸外国にくらべて極めて遅れている現実があるために、結果としてそのメッセージも建て前的なものになっていて残念である。ただ、性同一性障害の人たちの人権を尊重する国際的な取り組みの中で、わが国においても法的整備も含めて改善が始まっており、それが柔軟な性差観に結び付いていくことを期待したい。Gender roleは、従来「性役割」と訳されていたが、現在では「性別役割」とするのが国際的な傾向だと思う。わかりやすいので、ぜひそうしたい。

④性交・⑤性の快楽性

これについては、本書の中心テーマの一つとして詳しく記述したが、わが国の性教育の最大の問題点の一つである。

「これまで」のところで「基本的に扱わない。扱う場合も受精など生殖の性に限定」と書いているが、実際には「生殖の性」についても、教える際には「受精に至る過程は扱わない」(学習指導要領の取扱いとして)というように、「どのようにして」を抜かしたままいきなり「受精」になるのである。また、中学生以降においても「性交」とは言わず「性的接触」と表現するなど、なぜこれほどにまで「性交」にこだわるのか。子どもには理解できないと言うが、誰が理解できないと判断しているのか不明のまま、制限だけが押しつけられている。ここ十数年に及ぶ性教育の沈滞、あるいは後退の主な原因の一つはここにあると思う。

生殖のために卵子と精子はどのようにして合体するのか、いのちの成り立ちのしくみとして、性交も含めしっかり学ぶことは、むしろ「生きる自信、安心」を生み出すに違いないし、そのような学習を組み立てることは可能である。

さらに、思春期になれば個人差が大きくあるにせよ、性的関心や性的欲求を自覚するようになる。そして、場合によっては性行動に踏み出す可能性が出てくる。したがって、思春期以降（初経、精通という性的成熟をあらわす経験を半数以上の者がもつ中学後半になれば）の性教育における性交についての学習は、より重要な意味をもつことになる。

その年代の生徒（子ども）たちは、性交が生殖のためにのみ行なわれるわけではないことを、明確にではないがすでに知っているだろう。しかも、その情報源の多くは、大人を対象としたインターネットによる画像、AV等の映像、漫画等の出版物であり、このことは高校生への調査でも明らかになっていることは紹介した。それらの情報が、極めて興味本位の享楽的なものであり、暴力的、性差別的なものも少なくないことは明らかである。

学校も含めて、大人たちが性交についてロをつぐんでいる間に、生徒たちは結局そうした性情報によって性交のイメージを描き、一方でそうした情報にそそのかされ、他方ではそれを嫌悪し、混乱した状態の中で自らの性のあり方について自信がもてず、「性」と正対できなくなっているのではないだろうか。私は、大学生に対する講義への反応からそのことを強く感じている。

もちろん、あれこれのことを教えればすべてうまくいくとか、自信がもてるようになるとか、悩みが解決するというものではない。どうしたところで、生と性をめぐるとまどい、煩悶は続くものであり、そうした煩悶・葛藤を通じて人間の成熟ははかられるものであろう。しかしそのためにも、人間にとって性交とはどういう意味をもつものなのか、どうすることが互いの幸せにつながるのかということについて正面から問いかけることで、成熟を促していくことが重要であると思う。子ども・青年たちは、大人からのこうした問いかけを待っている。

この課題は、現行の学習指導要領のもとでは、授業として仕組むことは残念ながらまず不可能である。しかし、性の教育に臨もうとする者として、このテーマを避けて通ることはできない。授業という形で正面から取り上げることはできないとしても、個別の相談やさまざまな機会に意見を述べたり、生徒と話しあったりすることはできると思う。それは、生徒にとっても大きな意味をもつに違いない。「授業」だけにこだわらず、教師として大人として生徒の悩みを受けとめ、立ち向かわれることを期待したい。

性の快楽性については、第7章で詳しく展開しているのでここで重ねてはふれない。ただ一つ、快楽が「性の健康」の重要かつ不可欠な要素の一つであるということだけ強調しておく。

⑥避　妊

この間の重要な変化として、ピルの認可（一九九九年）、さらに緊急避妊薬の認可（二〇一一年）を挙げておかなければならない。つまり、これまで長い間、わが国では男性が装着するコンドームによって「予期しない妊娠」を避けてきたのだが、ここに至って女性だけの意思で妊娠を避けることができる方法が合法化されたことになる。

先ほど示した日本性教育協会よる統計（一二二頁、図7・図8）のうち、「避妊」についての情報は学校から得ている者が断然多く、その意味で学校での性教育が果たす役割は大きい。しかし、大学生の避妊の知識の中でピルの位置づけはとても小さく、しかもよく理解されないままに「副作用」という言葉がすぐに出てくる。つまり、合法化されたにもかかわらず、高校における避妊学習の中で正当な位置を占めていないように思われる。ピルは合成ホルモン剤であり、「副作用」というべきものがあることは間違いない。その一方で、ピルによる避妊率は他の方法にくらべ抜きん出て高く、飲み忘れさえなければほぼ一〇〇％と言われている。また、月経不順への対応、月経痛への対応、その他健康のための副効用も指摘されている。

ピルを飲む、飲まないは、まさに女性の自己決定に任せるべき事柄であるが、避妊学習としてピルによる避妊の原理を正しく理解させ、その功罪（メリット、デメリット）についてもよく理解させることは、青年期の性的教養として欠いてはならないと思う。

緊急避妊薬については、まさしく緊急避難の方策として正しく知らせていく必要がある。

⑦人工妊娠中絶

特に新しく書き加えることはないが、依然として「これまで」にあるような表現で、脅しのように生徒に語る教師がいるのは極めて残念である。中絶は違法行為でもなければ犯罪でもない。しかも、喜んでそうした手術を受けているわけでもない。それ故、あくまで「悲しいけれど必要なこと」として受けとめさせていきたい。

⑧出産・出生、生命の誕生

授業では、しばしば誕生の喜び、感動が取り上げられる。ドラマとしてはそれで終わりでよいが、実生活においては出産はそれに引き続く「育児」と切り離すわけにはいかない。このことを強調しておくことが重要である。しかも、それは「母として」だけではなく、「父として」の自覚も促す方向で。

なお、これからは高校段階の学習として、「不妊」や産まない選択の可能性についても取り上げ、考えさせていくことが必要となった。今日、カップルのうち一〇組に一組、あるいは六組に一組が不妊と言われるようになった。その原因は、女性と男性ほぼ同程度にあると言われている。そして、体外受精による出生は年間二万八千件を越えており、総出生児との割合で言えば約三十数人に一人を占めるようになった。しかもその割合は高くなる一方である。

こうした事実から、誰でも産めるわけではないことと、誰もが産まなければならないわけではないこと、ならば自分（たち）はどうするのかという、産み育てる社会環境の改善とともに、産むことに対する主体性が問われる問題としてこのテーマを考える時代を迎えている。

⑨母性について

「これまで」にあるような母性本能論はなかなか根強くあり、それによって当の女性がのびのびと自分らしく生きていくことを阻んでいる。子どもへの接し方や養育のし方についても、本来、個性的なものであるはずだが、「母性本能＝母子密着」の刷り込みが強く、ときには子どものために何も彼も犠牲にするのが「母」であるなど、むしろ子どもへの執着とさえ思われるものも「愛」という名で許され、礼賛される傾向さえ依然としてあるのではないだろうか。

この意味で、「母性」というと女性に対してのみ使われたり、求められたりすることに注意を払う必要がある。なぜなら、男性にも母性はあるし、そのことを自覚したり表現できたりすることは、人間としての全面的な開花のあらわれと言うべきだと思うからである。ただし、その表現のし方は女性も男性も個性的であり、決まりきった形があるわけではないことも付言しておこう。

⑩結婚・離婚

このテーマ、そして次の「家族」もそうだが、いずれもこの二四年間にそのあり方や実態など大きな変化を遂げつつ今日に至っていると思われる。かつては「皆婚制」とまで評されるほど誰もが結婚した（中には不本意ながらさせられたケースもあった）ものであるが、今日ではシングルで生涯を生きることも稀ではなくなっている。それは自らそうした生き方を選ぶこともあるが、結果としてシングルで生きていかざるを得ない（出会いがなかったり、出会いはあっても、特に非正規雇用など経済的な裏付けがないままに、シングルを続けざるを得なかったケースもある）場合も出てきている。

したがって、今、これからのあり方としては、「一人で生きることを基本として」、「一人で生きていけるが、二人で生きた方がもっと楽しい」とでも言うべき状況のもとでの結婚選択が望ましいと言えようか。「一人で生きていけないが、結婚すれば何とかなるだろう」とか、「一人では生きていけないから、結婚しよう、結婚したら幸せになれるだろう」などという、いわば「依存」（経済的・精神的な）を前提とした結婚は、もはや早晩に破綻する可能性が高いのである。

青年たちには、幻想ではなく、このような現実をふまえた結婚観を育てることが大切であろう。そして、その二人をつなぐものとして、情緒的な絆（ともに生きているという精神的連帯感）と、性的絆（互いに性的に価値があるものとして受け入れあえること）を特に意識させていくことが重要になるだろう。

⑪家　族

近頃「家族のために」「家族があるから」、だから苦労のしがいがあるとか、頑張れるとか、家族＝生きがいとする「家族美化論」「家族責任論」がしきりに強調されて、何か抗い難い気分になるが、その一方で、そのうそっぽさ、窮屈さ、気味悪さを感ずるのはなぜだろう。たぶんそれは現実の家族が、社会・政治の矛盾、そこから生ずる家族を構成するメンバーの矛盾のるつぼになっていて、ときに子ども虐待やDVなどの暴力、婚外性関係の広がりも含めて解体状況に見まわれる危うさの中にあることを知っているからである。もはや家族と言っても一色では描けないほど複雑化してきているのである。

家族の構成にしても、両親とその間にできた子どもによってのみ成り立つというのは年を追うごとに減りつつある。また、死別、離別による単親（ひとり親）や再婚による継父、継母も増えていて、これからは実親の違うきょうだいも普通にあるようになるだろう。

つまり、かつてのようなステレオタイプ（決まりきった）な家族から、多様化にはっきりと向かっているのである。したがって、これからの家族のあり方を展望するときには、構成員それぞれが「自分」を喪くして家族のためにと内側に向かって凝縮するのではなく、「それぞれの主体性、自律性を尊重しあった生活の共同をめざすこと」「その共同とは何か、共同のために一人ひとりが役割によって縛りあうのでなく、それぞれがどうあったらよいか」を納得いくまで話しあった上で行動を律することが欠かせなくなった。つまり、「家族をどう形成するか」という課題を、意識的に追求していく時代を迎えたということである。

⑫マスターベーション

本書では、これを「セルフプレジャー」として表現し、すでに第3章でその考え方、あり方について十分に述べた。

⑬性情報・性文化

学校など公的な機関において、性に関する情報を伝えたり、子ども、生徒、青年たちの疑問や悩みに対応したりして、性の面でもしっかりした大人にしていく取り組みが極めて乏しい中で、興味本位な情報に足を取られていくのは残念なことである。

縁あって子ども電話相談の相談員の方たちから依頼されて、性に関する話をしに行く機会が多いが、子どもたちが商業主義的な性文化をまともに受けとめてしまって混乱している姿が窺われる。そうした彼ら・彼女らに、ただ「見るな・聞くな」と言っても詮ないわけで、どういうスタンス（身構え）で視聴したらいいか、「これから」の欄では、対等性、相互性、人権の視点を提起した。

昨今はインターネットの普及によって、国内で制作されていないものまで流入し、視聴する者も非常に多くなった。利用する際の制限など、なすべきことはなくもないが、やはり視聴する者の意識を高めることが重要である。

⑭中高生の性交

表10（次頁）は日本性教育協会による調査結果である。性交の欄を見ると、中学生は男女とも僅かではあるが増加しているのに対し、高校生は男女ともに、特に男子の減少が著しいことがわかる（大学生の場合、男女ともに一八年前―一九九三年―の水準にまで下がっている）。これまで調査の度ごとに右肩上がりに増えてきていたのが、なぜここにきて明らかな下降現象を見せたのか。さまざまな意見が出され、分析がなされている。

ともあれ、子ども・青少年たちが、性行動・性交に慎重になりつつあるとすれば、そして興味本位で無謀な性行動から幾分でも遠ざかろうとしているとすれば、それはそれで評価していいと私は思う。なぜなら、性交は互いの人生や健康に直接影響を及ぼす行為であるからである。また、「これから」や「その後」のところで使っている「自己決定」とは、自分勝手に決めることではなく、相手の自己決定権を尊重することが大前提であることを忘れてはならない。さらに、親密になったからといって必ずしも性交に至らなければならないわけではなく、ノー・セックスの交際も大いに結構と考えているからである。

ただ、一つ懸念するのは、性交経験率の低下が人と人との関係づくりが苦手とか面倒になってきていたり、生きる意欲や希望がなかなかもてなかったりして、そうしたことが性的回避という結果につながっていはしないかということである。「『携帯』で出会いが始まり、『携帯』で別れを告げる」など、冗談でなく現実にあると聞くと、「それでいいのか」と気がかりになるのである。

表 10　主要な性行動経験率　(単位：%)

経験の種類	調査年度		1974	1981	1987	1993	1999	2005	2011
デート	大学	男子	73.4	77.2	77.7	81.1	81.9	79.0	77.3
		女子	74.4	78.4	78.8	81.4	81.9	81.5	77.3
	高校	男子	53.6	47.1	39.7	43.5	50.4	58.8	53.8
		女子	57.5	51.5	49.7	50.3	55.4	62.3	58.9
	中学	男子	–	–	11.1	14.4	23.1	23.5	24.8
		女子	–	–	15.0	16.3	22.3	25.6	22.0
キス	大学	男子	45.2	53.2	59.4	68.4	72.1	72.3	66.2
		女子	38.9	48.6	49.7	63.1	63.2	72.2	63.2
	高校	男子	26.0	24.5	23.1	28.3	41.4	48.4	37.3
		女子	21.8	26.3	25.5	32.3	42.9	52.0	43.7
	中学	男子	–	–	5.6	6.4	13.2	15.7	14.3
		女子	–	–	6.6	7.6	12.2	19.2	12.5
性交	大学	男子	23.1	32.6	46.5	57.3	62.5	61.3	54.4
		女子	11.0	18.5	26.1	43.4	50.5	61.1	46.8
	高校	男子	10.2	7.9	11.5	14.4	26.5	26.6	15.0
		女子	5.5	8.8	8.7	15.7	23.7	30.0	23.6
	中学	男子	–	–	2.2	1.9	3.9	3.6	3.8
		女子	–	–	1.8	3.0	3.0	4.2	4.8

(出典：日本性教育協会『「青少年の性行動」第7回調査報告』2012年)

⑮生徒指導の考え方（性に関して）・⑯トラブル・失敗（性に関して）のとらえ方

これらについては、考え方として「これから」を継承していきたい。

⑰男女関係の見つめ方

一九九〇年の段階では、まだ「男女関係」という表現をしている。今日では、男女にこだわらずに「性をめぐる人間関係」となるのだが、それが多数ということもあり、男女関係という言葉も残して使っていこうと思う。しかし、男女だけを指しているわけではないことは了解してほしい（レイプも、セクシュアル・ハラスメントも、支配・従属関係やデートDVもすべて同性同士でも同様にある）。ところで、一九九〇年に前述の書籍を出版した頃には、デートDVという言葉もセクハラも、今日のような意識で使われていなかったと思う。そう考えると、この言葉が急激に具体性をもつようになったことに気づくし、言葉がそれまで見えにくかった事実の実態を浮かび上がらせたとも言える。

そして今日では、高校ではもちろん中学校段階から「デートDV」を教材として取り上げる必要があると言われ、実際に教育の実践が行なわれるようになっている。また、セクハラについては、各地で教員による事件が起きており、処分されるケースが後を絶たない。由々しき事態と言わざるを得ない。

今後は、このセクハラ問題について、性的いじめという性的虐待も視野に入れて性と人権というテーマで授業でも取り上げ、教師や親の加害の可能性や友だち間の加害・被害についても考えさせていくことが必要なのではないか。

デートDVやセクハラ、さらにレイプなどについて取り上げる場合、その基本に「わいせつ問題」としてではなく、ジェンダーの偏見が絡んだ「人権侵害問題」としてとらえることが重要である。そして、レイプもそうだが、被害者がどのような状況に置かれるのか、どんな苦しみや惨めさを味わうのか、味わっているのかという実際の声をできるだけ丹念にすくい取って取り上げていくことが不可欠ではないかと思う。その当事者性を前面に出して、共感する気持ちを育てるように伝えていくことが大きな意味をもつだろう。

さらに、被害者は女性ばかりではないこと、圧倒的に女性であることは間違いないが男性もまた被害に遭うし、その苦しみは女性と同じである――このことを重視して反暴力、反強制、反虐待の意味の大きさ、重さを問うていくことが大切である。

⑱障がい者の性、高齢者の性

リプロダクティブ・バイアスは、人びとの性意識の奥底に横たわっていて「快楽の性」と真っ向から対立するものとなっている。産まないのに、産めないのに、産んでも育てられないのに、セックスを人権としてなど何という世迷言か、と言う人は今も少なくないと思う。その偏見が、障がい者や同性愛者の性を抑圧する源となっている。高齢者も生殖の性とは無縁である故に否定され、抑圧され、排除されてきた。しかし、現実に人口に占める高齢者の割合はどんどん高くなっていて、二〇一三年には六五歳以上の人口割合が二五％を占めるに至った。こうなると、「年寄りのセックス」などと冷笑してはおられず、「生涯に及ぶ健康な人生と性」として、まともに取り組むべく意識されるようになってきた。それにくらべると障がい者の性に対する偏見、抑圧は依然として強く存在している。しかし、これも当事者からの要求や努力もあって、障がい者の結婚や性への援助などの課題についても少しずつ光が当てられるようになってきているのは大いに喜ばしいことである。

⑲売買春

売買春は、国によってさまざまな対応がされている。ヨーロッパの国の中には売春を一つの職業として合法化し、衛生上も安全な環境のもとで仕事ができるように（もちろん税金も納めることになっている）、規制していこうとしている国がある。一方、これを禁止し処罰する立場をとっている国がある。禁止されてはいても、貧困という売春の原因となる現実が変わらない中で、お金を稼ぐために違法行為と知りつつ売春は行なわれている。しかも、違法行為を守り隠すために暴力団とつながって、社会の大きな闇をつくり出すようになっているところがある。

三つめは廃止主義と言って、売春業者の営業を犯罪とし、また明らかな勧誘行為は処罰するが、売春する人は処罰せず、そうした行為にたずさわらないように行政措置をとるというものである。

わが国は基本的にこの廃止主義の立場をとっているが、実際には外国人女性の利用、搾取、風俗営業との関連、インターネットを使った性の出会い等々、「貧困」を核とした複雑な問題が絡んでいて、事実上売買春は野放し状態となっており、そのために女性の人権がおびやかされている状況である。

性という人格の芯・人権とも言うべきプライベートな行為、性の自由を金銭でやりとりしなくてもよい社会はどうしたら実現できるか、追求すべき課題は大きく、重い。

⑳同性愛・㉑男子の性・㉒少数者の性

この三項目については、本文でそれぞれ扱ってきたのでここで重ねて記述はしない。

㉓性感染症、HIV/エイズを含む

全世界を揺るがせたエイズ、現在三五〇〇万人以上の感染者がいて、一年間に一六〇万もの人が亡くなっている(二〇一二年)。しかも、いまだに完治させる方法が確立されておらず、新たな患者が増え続けている。特にわが国では人びとの意識からそして学校教育から、その存在が薄らいでしまっているのは大きな問題である。教科書にエイズの文字があり「コンドームの使用」についてふれているものもあるが、肝腎の「性交」についての扱いが曖昧であるために、いまひとつ力強い指導になっていない。

いくつもの国々では、年間のＨＩＶ新規感染者数、エイズによる死者数ともに横ばい、ないしは減少しつつあるのに対して、わが国では年間の新規のＨＩＶ感染者・エイズ患者が増加傾向にあるという事実は大いに憂慮すべきことではないだろうか。しかも、その感染者とはどこか遠くにいるのではなく、すでにともに生きているし、生きていけるのである。したがって、何年も何十年も前の、あるいは感染者や死者が増え始めた頃の「絶望と死」のイメージは、もはや有害ですらある。社会においても学校でも、すでに「ともに生きている」事実を伝え、ＨＩＶ抗体検査の重要性と、生活習慣病として常時感染予防に取り組む方向性を明らかに示していくことが重要であろう。

㉔セックス観・㉕性への接近、親しさへの表現・㉖性教育への姿勢

これらについては、「これまで」の内容をあらためて確認したい。その上で、「科学性」「関係性」「多様性」という三つの柱を、これまで進めてきた方向性として確認する。

まず、「科学性」とは、性に関する教育、学習のあり方の基本である。思い込み、偏見によるのではなく、その時点で明らかにされた最新の真実、事実に基づいた資料や識見を尊重することである。しかし、それとて絶対的とは言えないだろう。したがって、教師、授業者自身が絶えず学習していなければならない。

次に、「関係性」とは、性のあり方について考える際の重要な視点である。なぜなら、性は相

手の人との間で生起し、成熟していくものであるから、絶えず「相手にとってどういう意味をもつことなのか」「相手はどのように感じたり考えたりしているのだろうか」と、対等な相手に寄り添って考え行動すること、このことの重要な意味をこの言葉で表現した。

最後に、「多様性」とは、性そのもののもつ特性としてまず受けとめたい。性別自認や性的指向という、本書でも取り上げた重要な課題に対し、多様性は主要な観点であるばかりでなく、性別の枠を超えてそもそも一人ひとりが異なった存在であるということである。このことは、性の教育・学習の無限の発展可能性を示唆している。

㉗性教育の方向性

「性の健康」という言葉が国際的な場で正式に登場したのは、一九九四年にカイロで開かれた国際人口開発会議であった（このときは、Reproductive health / Rights との表現であった）。ここで言う「性と生殖に関する健康」とは、「安全で満ち足りた性生活を営むことができ、生殖能力をもち、子どもを産むか産まないか、いつ産むか、何人産むか、を決める自由をもつこと」を意味していると言い、具体的な行動計画として思春期の妊娠を大幅に減らすため、「性と生殖に関する健康についての教育、情報、ケアに対する思春期の若者の権利を擁護・促進」するよう国に求めた。セクシュアル・ヘルス（Sexual health）については、パン・アメリカン保健機関や世界性科学会などにおいて、討議・検討が進められた（二〇〇〇年）。そして、二〇〇六年、

ＷＨＯ（世界保健機関）主催の会議でセクシュアル・ヘルスは次のように定義された。

――セクシュアルヘルスとは、単に病気、機能障害、衰弱がないことでなく、セクシュアリティに関して身体的、情緒的、精神的、社会的に満ち足りた状態のことです。セクシュアルヘルスには、強制、差別、暴力のない、悦びに満ちて安全な性的経験を持ち得ることと同様に、肯定的に敬意をもってセクシュアリティや性的関係性にアプローチすることが求められます。セクシュアルヘルスが達成され維持されるためには、あらゆる人のセクシュアルライツ（性の権利）が尊重され、守られ、満たされなければなりません（『新版 人間の性と教育（第1巻）性教育のあり方、展望』（大月書店）収録の小宮明彦氏の論稿より引用）。

私たちは、これまで「健康」を病気とのかかわりでとらえてきたのではないだろうか。一九五一年に公布されたＷＨＯ憲章には、「健康とは完全な身体的、精神的、社会的に良好な状態であり、単に疾病あるいは病弱でないということではない」と書かれてあったが、前述した二〇〇六年の定義を読むと、格段の力強さで表現されていることがわかる。そしてそこに、半世紀の人権概念の深まりを窺うことができる。

さらに二〇〇九年一二月には、国連の一機関であるユネスコ（国連教育科学文化機関）が中心となり、国連合同エイズ計画、国連人口基金、ユニセフ（国連児童基金）、世界保健機関などの組織や性教育の専門家による集団的検討を通じて、性教育についての国際的な報告書がまとめられた。それが『性教育国際ガイドライン（指針）』である。おそらくこれからの世界の性教育は、この指針が示す方向と内容が一つの軸となって、それぞれの国の性教育の歴史や諸事情をふまえつつ、新たな歩みが始まるのであろう。

最後に、私が考える「性的に健康である」とはどのようなことなのか示しておきたい。

①自分のからだ、いのち、性器を肯定的に受け入れられる。
②相手のからだ、いのち、性器を尊重できる。
③性的な衝動を自己管理できる（性行動のコントロール）。
④セルフプレジャーを肯定的に受けとめられる。
⑤性のファンタジー（幻想）と性の現実を区別して受け入れられる。
⑥相手の存在、相手の意思決定を侵害しない。
⑦暴力・強制の性を憎み、拒否できる。
⑧性行動の結果を予知し、トラブルを未然に防ぐ力がある。
⑨万一、トラブルに出会ったとしても、解決のための行動がとれる。
⑩性の多様性について理解し、人権として尊重できる。
⑪多様な生き方について理解し、尊重する。その中にはセックスをしない選択も含む。

⑫性情報を選択する力、読み解く力をもっている。

⑬性の快楽性について肯定し、相手と共有するための努力ができる。

それぞれの項目を具体化するために、どのような学習内容が考えられ、用意していったらいいのか。今すぐその取り組みを具体化するのは困難だけれども、世界の性教育はすでにそうした方向に向かって舵が切られている。私たちもその準備をしよう。期待と希望に大きく胸をふくらませて。

■参考図書

本書の中にすでに紹介したものもあるが、このテーマに関心をもたれた方がより詳しくより広く深く考えていただけるように、引用しなかったものも含めてご案内させていただく。

松本清一監修『月経らくらく講座』文光堂
北村邦夫監修『思春期Q&A』日本家族計画協会
白井将文『思春期男子の生理』日本家族計画協会
対馬ルリ子『女も知らない女のカラダ』経済界
スティーヴ・ビタルフ『男の子ってどうしてこうなの？』草思社
森田ゆり『子どもへの性的虐待』岩波書店
野末源一『性の事典』ポケットブック社
リチャード・B・ガートナー『少年への性的虐待』作品社
浅井春夫『子ども虐待と性教育』大修館書店
手塚千砂子『性愛』学陽書房
森岡正博『感じない男』筑摩書房
矢沢潔『日本人の精子力』学習研究社

D・キンドロン、M・トンプソン『危ない少年たちを救え』草思社
高橋長雄監修『からだの地図帳』講談社
熊本悦明『アダムとイヴの科学』光文社
河野美代子監修『SEX & our BODY』NHK出版
ロベルタ・ラッセル他『男の子を性被害から守る本』築地書館
性科学ハンドブック vol.11『思春期の性衝動』日本性教育協会
ヴィゴツキー『思春期の心理学』新読書社
小林美佳『性犯罪被害とたたかうということ』朝日新聞出版
橋本紀子監修『こんなに違う！ 世界の性教育』メディアファクトリー
村瀬幸浩『男性解体新書』大修館書店
村瀬幸浩『セクソロジー・ノート』子どもの未来社
渥美雅子・村瀬幸浩『性愛』柏書房
『SEXUALITY』（各号）エイデル研究所

おわりに

性教育といえば、教える人も学ぶ者もどちらも女性、扱う内容も女の性、男はいつもその教育の埒外に置かれてきた。そんな時代が長く続いた、と過去形で語れるわけがなく、基本的に今も続いていると言わざるを得ない現状がある。しかし、性は個人の問題でありながら、基本的に相手があっての事柄である。つまり、関係性の善し悪しこそ性の善し悪しを左右するのである。

何も世の中、異性愛ばかりではないが、男性を何とかしないと、女性だけがいくら賢くなっても、関係はよくなっていかないのである。男が変わらないと「関係」はなかなか変わらない。

そんな強い思いがあって、一九九三年に私は『男性解体新書』を上梓した。今から二一年前のことである。今、それをベースにし、あらためて「男子」「男性」を見つめ直すことを通して、男が変われば「関係」は変わっていく、その新たな関係づくりに役立つものをと念じて筆を執った次第である。

男性たちが歴史的につくられた男性像に縛られず新たに再生する道とは、思い込みを捨て一人の人間として、自分に、自分の性に、まず素直に、優しく立ち向かい、受け入れていく力をもつこと。一人で生きることを前提に、人を支配せず、利用せず、人に支配されず、利用されず、相手のためにどうすることがよいことなのか、ゆっくり考えて関係をつくり育てていく、そうした力を身につけることから始まると思う。

このことを私は「男子・男性の性の社会化過程」と考えたい。私の言う「社会化」とは、自分の性のあり方を自分本位でなく相手との関係性の観点からとらえ直し、行動できるようになること、である。そのための学習内容として、第8章で「自らが生殖に関与していることの自覚」「相手の人の生理や心理に対する深い理解」「性の多様性への認識」の三点を挙げたが、ともすれば自己中心的になりやすい男子・男性の性の成熟にとって不可欠な課題と言えよう。

それにしてもかくも長い間、男子・男性は性の学びから疎外され、放置放任され、その結果孤立し傷つけ、傷つけられてきたことに思いを馳せていただきたい。

さらに本書では、自立した個と個が互いに相手のからだとこころを大切にしながら生きていくという新たな時代を引き寄せるために、性教育はどうあったらいいのか、「『性教育のこれまでとこれから』そして『その後』」という新しい章を起こして論じてみた。これからの性教育、性と健康の教育を大きく展望する上で、何らかの力づけになればこれほど大きな喜びはない。

最後に、本書の出版に快く応じて下さった大修館書店、およびそのきっかけをつくって下さった増永秀夫さんに深甚の謝意を表したい。

［著者略歴］

村瀬　幸浩（むらせ　ゆきひろ）

1941年11月2日愛知県名古屋市生まれ。東京教育大学（現筑波大学）卒業。私立和光高等学校保健体育科教諭として25年間勤務、この間総合学習科を兼務、「人間と性」を担当。1989年同校を退職し、同年4月より一橋大学講師、翌年より津田塾大学講師を勤めた。科目は「セクソロジー」。

1982年「"人間と性"教育研究協議会」の設立に参画、現在は同会の幹事、及び同会編集の「季刊SEXUALITY」誌（エイデル研究所刊）副編集長。

日本思春期学会名誉会員。

◆主な著書

『素敵にコミュニケーション～おとなのための性教室』大月書店
『性について話そう』全8巻（共編著）ポプラ社
『男性解体新書』大修館書店
『素敵にパートナーシップ～40歳からの性と生』（共著）大月書店
『新・さわやか性教育』十月舎
『性教育が深まる本』十月舎
『男の子のからだとこころ』成美堂出版
『ピルと避妊と性の教育』（共著）十月舎
『買春と売春と性の教育』（共著）十月舎
『エイズ・STDと性の教育』（共著）十月舎
『思春期ガイド』（共著）十月舎
『セクソロジー・ノート』（編著）子どもの未来社
『にない合う思春期の性と子育て』十月舎
『恋人とつくる明日』十月舎
『親子共学～子どもに伝えたい大切なこと』（DVD2枚付き）スタジオ・オズ
『性のこと、わが子と話せますか？』集英社
『素敵にシニアライフ～老いに向かって生きるふたり』（共著）大月書店
『性愛～大人の心と身体を理解してますか～』（共著）柏書房
『すてきな夫婦暮らし』（共著）旬報社
DVD『スクールセクハラ』小学校編及び中・高校編（教職員研修用2巻）（監修）
　日本経済新聞社映像部制作

男子《だんし》の性教育《せいきょういく》——柔《やわ》らかな関係《かんけい》づくりのために

NDC367 / x, 195p / 19cm

初版第1刷発行——2014年5月20日
第3刷発行——2018年9月 1日

著　者——村瀬《むらせ》幸浩《ゆきひろ》
発行者——鈴木一行
発行所——株式会社 大修館書店
〒113-8541　東京都文京区湯島2-1-1
電話 03-3868-2651（販売部）　03-3868-2298（編集部）
振替 00190-7-40504
［出版情報］https://www.taishukan.co.jp

装丁・扉デザイン——和田多香子
本文デザイン・組版——加藤　智
イラスト——㈲彩考
印刷所——横山印刷
製本所——難波製本

ISBN978-4-469-26760-0　　Printed in Japan